図解不動産業

マンションを長持ちさせる101のポイント

高橋 文雄 著　ろくろーぶな 画

住宅新報社

はじめに

マンションを見る消費者の目には厳しいものがあります。この背景として、新築マンションはこれから新しい生活を築き上げるための神聖な場所で、傷や汚れは許されないという〝信仰〟に近い気持ちが人々の心にあると思います。実際の生活を考えると、マンションを購入したら、多くの人は35年もの長期間にわたり住宅ローンを払い続けることになるのですから、この労苦に値する完璧な商品を要求しているともいうことができます。それから、社会や経済が不安定な時代にマンションを購入するのには大変な覚悟がいることから、この決断に相等しい精度、性能、強度、耐久性を求めているともいえます。

ところが、作業環境をコントロールして生産する工場製品とは違い、マンションは、夏は炎天下、冬は冷えこむ屋外で、一品一品手作りの設計図や施工図を見ながら、技術者や職人が経験と勘で造り上げていくものです。入念に仕上げ、何度も検査したつもりでも、思いもよらないところから不具合が生じます。このような施工上の不具合や住宅機器の機能不良は、マンションの売買契約締結時に取り交わしたアフターサービス制度を活用して補修していきます。

本書では、このアフターサービス制度について、購入者、管理組合、デベロッパー、建設会社、管理会社という様々な立場から取り上げています。けれども目指すところはひとつで、マンションを長持ちさせる方法を見つけ出すことです。より詳しいアフターサービスのお話しについては、姉妹書の『図解マンションのアフターサービス』をお読みいただければ幸甚に存じます。

２０１２年４月

高橋　文雄

マンションを長持ちさせる101のポイント

目次

第2章　デベロッパーの責任で解決するアフターサービス

第3章　建設会社が補修するアフターサービス

第４章 管理会社がサポートするアフターサービス

第５章 購入者が活用するアフターサービス

第6章　管理組合が活用するアフターサービス

第7章　管理組合が点検するアフターサービスの実際

第8章　アフターサービスのQ&A

第1章　マンションに襲いかかるアクシデント

1 天井のクロスが裂けてきた！

ハイサッシの窓を開けると心地良い風が室内に流れ込んできました。爽快な気分になり、ふと、天井を見上げるとシャンデリアが微かに風に揺れて輝いています。午後のひととき、新しいマンションはいいなと思って微笑んでみたけれど、なぜか天井にチラッと違和感のある残像が目に焼き付きました。「あれっ、どうしたのだろうか」ともう一度見ると、シャンデリアを吊《つ》り下げるために打ち込んであるボルトを中心に十文字の亀裂がコンクリートに入り、クロスが裂けています。

電気の火花のような怒りが全身を襲い、震える手で携帯電話を握り締め、「天井が裂けてシャンデリアが落ちてきそうだから、すぐに修理しろ！」と、購入者はデベロッパーを厳しく叱咤《しった》しました。デベロッパーは、マンションを訪れると這いつくばるように謝罪し、ただちに職人を手配しました。職人は、バリバリと天井のクロスを剥がし、コンクリートの亀裂した部分を粉じんをまき散らしながら電動カッターで広げ、強力なエポキシ樹脂を注入して亀裂を修復し、それからサンダーで表面を削って平滑《へいかつ》にしました。続いてクロス職人がさっそうと現れ、アッという間に新品のクロスを天井に張ると、道具を片付けて立ち去っていきました。

天井のスラブに直接クロスを張ると、コンクリートが乾燥収縮をした際に亀裂が生じ、クロスも追従してよじれたり裂けたりします。この場合、天井にプラスターボードを張る二重天井の仕様にすると、コンクリートの亀裂は見えなくなり、結果として、クレームも防ぐことができるのです。

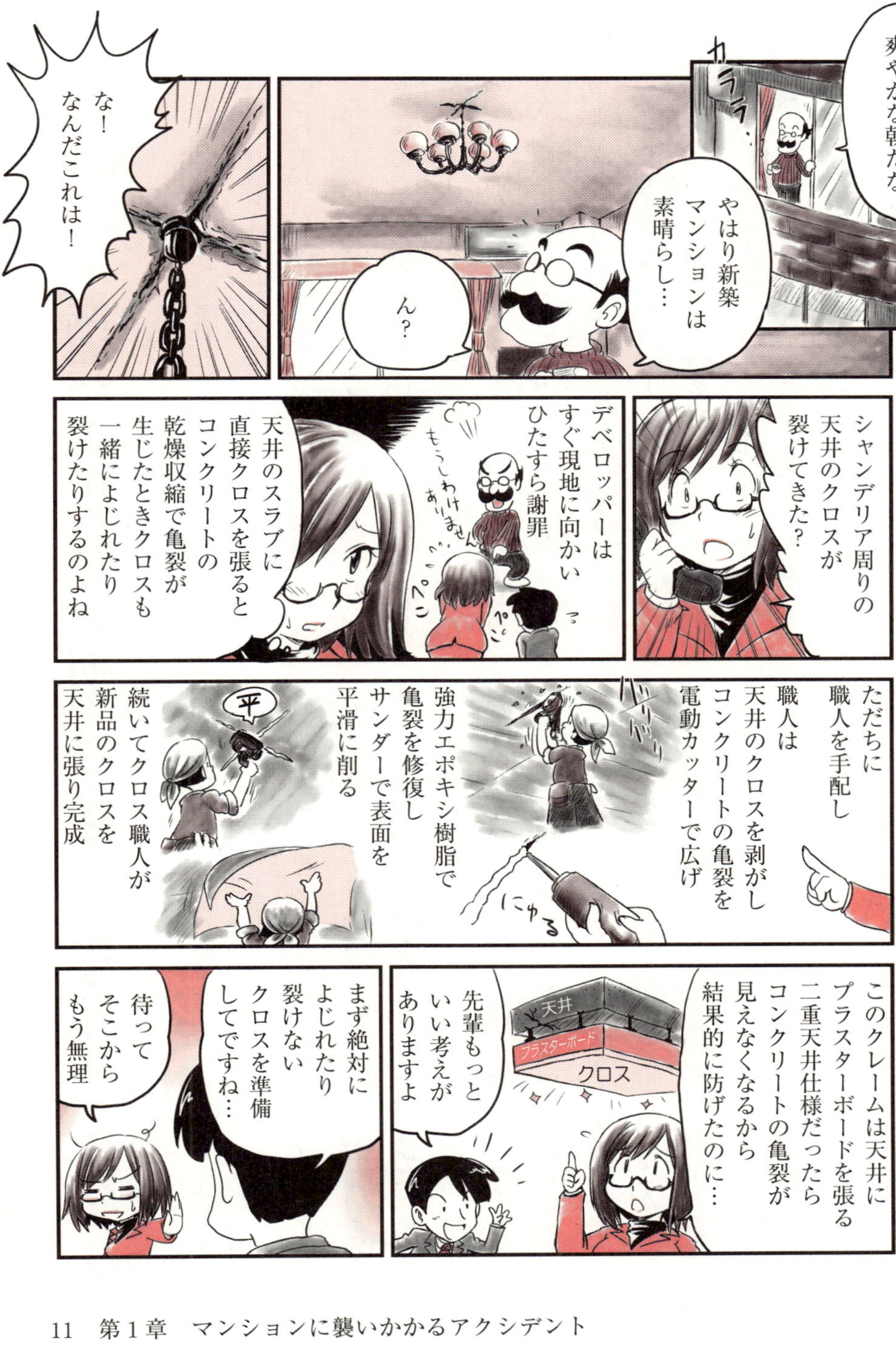
爽やかな朝だな
やはり新築マンションは素晴らし…
ん？
な！なんだこれは！
シャンデリア周りの天井のクロスが裂けてきた？
デベロッパーはすぐ現地に向かいひたすら謝罪
もうしわけありません
ペこ
ペこ
天井のスラブに直接クロスを張るとコンクリートの乾燥収縮で亀裂が生じたときクロスも一緒によじれたり裂けたりするのよね
ただちに職人を手配し
職人は天井のクロスを剥がしコンクリートの亀裂を電動カッターで広げ
にゅる
強力エポキシ樹脂で亀裂を修復しサンダーで表面を平滑に削る
平
続いてクロス職人が新品のクロスを天井に張り完成
このクレームは天井にプラスターボードを張る二重天井仕様だったらコンクリートの亀裂が見えなくなるから結果的に防げたのに…
天井
プラスターボード
クロス
先輩もっといい考えがありますよ
まず絶対によじれたり裂けないクロスを準備してですね…
待ってそこからもう無理

2

洗濯パンの排水管から漏水して下階に水が滴り落ちてきた！

新築マンションの豪華なシステムキッチンで朝食後の食器を洗っていると、美しいウエーブのかかった美しい亜麻色の髪に、ポツリと水滴が落ちてきました。「あらっ、どうしたのかしら？」と髪を撫でながら天井を見上げると、なんと、蛍光灯のカバーに水が溜まっているのを発見しました。「上の階から漏水している。おのれ、トイレの汚水ならどうしてくれようぞ……」と、夜叉に変身した若奥さまは、携帯電話を取り出すとデベロッパーに怨念を叩きつけました。

デベロッパーは管工業者を伴ってただちに現れ、米つきバッタのように平身低頭して漏水事故のお詫びをしています。管工業者は、蛍光灯のカバーに溜まった水をバケツに受けてから、しきりに水をかき混ぜたり、色をみたり、匂いを嗅いでいます。「これは、洗濯の水だ！　洗剤の匂いがする」と、確信をもって管工業者が断定し、上階の住戸を訪ねると、腰を低くして、「漏水事故が生じたので洗濯パンを見させてください」とお願いをしました。洗面室にお邪魔し、洗濯機を脇に移動すると、慣れた手つきで洗濯パンをこじ開け、排水管をにらみました。「これは、洗濯パンの排水口と排水管を接続している蛇腹管に穴があいていて、そこから漏水したのだろう。まず、スラブに溜まった水を雑巾で絞り取り、乾燥剤を詰めこんでから、蛇腹管を交換すれば大丈夫だ」と管工業者は練達のプロとして断言しました。

蛇腹管は自在に曲げることができますが、傷がつきやすいという欠点があるのです。

新築マンションで上の階から漏水しているというクレームがあり
蛍光灯カバーに水が！
たぷ
たぷ
すぐに管工業者を伴ってお詫びに伺いました
ぺこ
ぺこ
もしも汚水だったら…
ゴゴゴゴ
ひぃぃ～
ふむ…これは…洗剤の匂い…
クン
クン
上階の洗濯パンを調べてみましょう
上階住戸洗濯パン
原因がわかりました洗濯パンの排水口と排水管を接続する蛇腹管に穴があいています
スラブの水を抜き乾燥剤を詰めてから蛇腹管を交換すれば大丈夫でしょう
蛇腹管は自在に曲がるが傷がつきやすいですからね
施工には細心の注意が必要ね
このパンカビが生えてましたよ
君は何のパンを調べてるのよ

3 中庭が陥没して排水管が露出してしまった！

理事長の見解は絶対的に正しく、デベロッパーはひたすら謝罪するしかありません。恐縮したデベロッパーは取る物も取り敢えず現地に急行し、理事長の容赦ない説教をひたすら頭を低くしながら拝聴し、埋め戻しを約束しました。

マンションの横走り共用排水管を地中に埋設して汚水枡に接続することがあります。ところが、土を埋め戻すときに、地中の排水管を傷つけないようにとの配慮から、強固に転圧しない場合があります。すると、大雨が締め固めの不十分な土を浸食し、地中の排水管に沿って土砂を流し去ってしまいます。地中の排水管の周りは空洞化し、ついには地表の土が陥没してしまうのです。

管理組合の理事長がマンションの中庭を散歩していると、最近降り続いている雨の影響か、直径1mくらいの大きさで地面が陥没しているのを発見しました。腰を降ろして覗きこむと、地中に埋め込まれている排水管が少しばかり見えています。

プライドを傷つけられた理事長は、ただちに自宅に戻ると、「欠陥工事じゃないか！　理事長を馬鹿にしているのか？」と、デベロッパーに痛烈な抗議をしました。

「子供が落っこちたりしてケガでもしたらどんな責任をとってくれるのだ」と、厳しく攻め立てます。「中庭が陥没するんじゃ、安心して散歩もできないだろう！」と、声を荒げます。「安全というポリシーがおたくの会社にはないのかね？」と、理事長は攻撃の手をゆるめません。

管理組合の理事長がマンションの中庭を散歩していて地面の陥没を発見しました
排水管まで見えてる…何だこの欠陥工事は！
マンションの横走り共用排水管を地中に埋め汚水枡に接続することがあり
土を埋め戻すときに排水管を傷めないよう強固に転圧しない場合大雨で排水管周りの土砂が流れ空洞化して陥没してしまう
ボコ
デロ
排水管
デロ
理事長を馬鹿にしてるのか？
中庭が陥没するんじゃ安心して散歩もできんだろ！
子供が落っこちてケガでもしたらどう責任をとるつもりなんだ！
安全というポリシーがおたくの会社にはないのかね？
埋め戻す約束はしたけど…
めちゃくちゃ怒られると凹むなぁ…
理事長は正しいわ誠心誠意謝罪するしかないわよ
穴があったら入りたい……あるな
情けないこと言うと一緒に埋め戻すよ

4 タイル張りの塀から白い粉が吹き出てきた！

道路からマンションに向かうアプローチには、ギリシャ神殿でよく見ることができるドーリア調の柱があり、居住者のステータスを表していました。ところがどうしたわけか、そのドーリア調の柱頭《ちゅうとう》から白い石灰分《せっかいぶん》が垂れ流れてきて、タイルの目地《めじ》を汚しはじめました。

「柱頭が亀裂して雨水が浸透したのだ」、「これはタイルが剥落《はくらく》する前兆だ」、「柱の施工不良だ」、「せっかくのシンボルが台無しじゃないか」と、管理組合はデベロッパーを厳しく糾弾しました。デベロッパーはクレーン車を搬入して柱頭のエフロレッセンス（エフロ）を酸性の液体で洗い流しましたが、3カ月くらい過ぎると、またエフロが生じてきます。そのたびに、「何をしているのだ、手抜き工事じゃないか」、「柱は倒れてこないのか」、「エフロが垂れているようなマンションには住めない」と、居住者の追及は激しさを増すばかりです。実は、このマンションでは竣工の直前に柱を立てて、まだコンクリートが十分に乾燥する前にタイルを張ったために、生乾きのコンクリートから石灰水が流れ出てきたのですが、技術的にみると耐久性には影響が少ないといえます。エフロで怖いのは、コンクリートの亀裂に雨水が浸透して水の流れ道ができてしまい、コンクリートの成分を浸食することです。ところがデベロッパーは、「工期に押されて慌ててタイルを張ったのがエフロの原因です」とは言えないので不思議そうな表情を繕いながら、コンクリートが乾燥してエフロの発生が治まるまで、ひたすらエフロを洗い流すのです。

道路からマンションに向かうアプローチの柱の柱頭から白い石灰分（エフロレッセンス）が垂れ流れてきてタイルの目地を汚すトラブルが起きました
デロ
デロ
なんだこりゃ
柱の施工不良だ！
タイルが剥落する前兆だ！
せっかくのシンボルが台無しだ！
クレーン車を使いエフロを酸性の液体で洗い流しましたが
じゃ
ああぁああ
デロ
デロ
3カ月もするとまた垂れてきます
何を手抜き工事してるんだ！
柱は倒れてこないのか？
エフロが垂れてるようなマンションには住めん！
せんぱ〜いもうやだ〜
エフロはねコンクリートの亀裂に雨水が浸透して浸食するのが怖いわ
でもこれは違うのよ…工期が押してて慌ててタイルを張ったから…実は生乾きのコンクリから出た石灰水なの
でもそんなことさすがに言えないじゃない…
耐久性には影響少ないしコンクリートが乾燥すれば治まるから
その日まで耐えるのが君の使命よ
ひどい！

5 コンクリート塀に縦の亀裂が発生した！

マンションの敷地境界をネットフェンスで囲っていることもありますが、この新築マンションでは美観とプライバシーを考えて、1.8mのコンクリート塀を立ち上げ、その周囲には低木を植え込みました。真夏の強い西日でも、塀の腰から下の部分は植栽《しょくさい》に覆われているのでそれほど温度も上がらないし熱膨張もしませんが、塀の天端《てんば》は触ることもできないほど高温になり熱膨張し、とうとう膨張と収縮のアンバランスに耐えきれず、コンクリート塀にバリッと縦の亀裂が生じました。

亀裂を発見した管理組合はデベロッパーを呼びつけると、きつく叱りつけ、すぐに修理をするように指示をしました。目の前に亀裂を突きつけられたデベロッパーは、反論もできないでひたすら身を縮めて謝罪し、修理を約束しました。そして、塀の亀裂に沿って大胆にU字カットをしてから、ポリマーセメントモルタルを丁寧に充てんし、表面を平滑にしてから塗装で仕上げました。

ところが、修理をした部分と健全な部分では塗装の色合いが違っているので、管理組合は激怒し、塀を全面的に塗り直すように指示をしました。さらには、塀に新しくタイルを張るという要求まで出される始末で管理組合の内部でも意見がまとまりません。アフターサービスでは部分補修が原則になっているので、管理組合の全面塗装の指示にはデベロッパーも頑として従わず、今でも管理組合とデベロッパーは対立を続けています。仮に、塀をネットフェンスにして目隠しに中木を植栽していれば何の問題も生じていなかったはずですので、仕様の選択はとても重要です。

先輩 塀の補修の件で 管理組合から 電話が…
あ〜…あの 新築マンションか…
周囲に低木を植えた コンクリート塀は 真夏の西日で 低木の陰に 隠れない天端だけが 熱膨張するため
膨張と収縮のアンバランスに耐え切れず縦の亀裂が生じてしまった
すぐに謝罪し 修理をしたけれど…
おい！ 修理部分と 塗装の色合いが 違うじゃないか！
全部塗り直して ついでに新しく 塀にタイルも 張ってくれ！
そこまでは できませんっ
アフターサービスは 部分補修が原則 だから今でも 管理組合と デベロッパーは 対立してるのよね
仮に塀は ネットフェンスで 目隠しは中木を 植栽にしてれば 何の問題も なかったのに…
仕様の選択は とても重要よ
とりあえず この電話 どうします？
色違いは アートだって 言って おきますか？
余計 こじれるから やめて

6 花壇の植栽が枯れてしまった！

デベロッパーが新築マンションのシンボルにと、大きな円形の花壇をエントランスの正面前に創りました。ところが、花時計のように四季の花々が咲き競い、住民の気持ちを安らげてくれるはずなのに、草花は育たず、すぐに枯れてしまいます。雑草は生えるけれど、可憐な花や樹木が育ちません。そこで、管理組合が思いきって花壇を掘り返してみたところ、豊潤な土壌はほんの表面だけで、コンクリートの塊や塩ビ管の切れ端、鉄くずなどの建築廃材の捨て場となっていました。

驚いた管理組合はデベロッパーにクレームを突きつけ、善処を指示しました。もちろん、デベロッパーもがく然としてこのような事態を陳謝し、ガラをすべて搬出して、新しく土壌を搬入したうえで、パンフレットと同じ樹木や草花を植え替えることを約束しました。コンクリートのガラなどの廃棄処分は厳しく規制されていて、産業廃棄物処理業者に持ち込まなければなりませんが、その手間がわずらわしいので工事関係者が捨て場として花壇を利用してしまったのです。造園業者も現地を見て驚いたでしょうが、現場所長に報告することもなく、表面だけに土壌を搬入して樹木や草花を植栽しました。現場所長が掘り返された花壇を見て憤慨しても後の祭りです。マンションの施工は建設会社が行いますが、実際にその品質や精度を実現するのは現場で作業をする技術者や職人です。悪天候のなかで働く職人や技術者の誠意とプライドがマンションの品質を支えているのですが、現場所長も気を抜くことなく、目配り・気配りをしなければなりません。

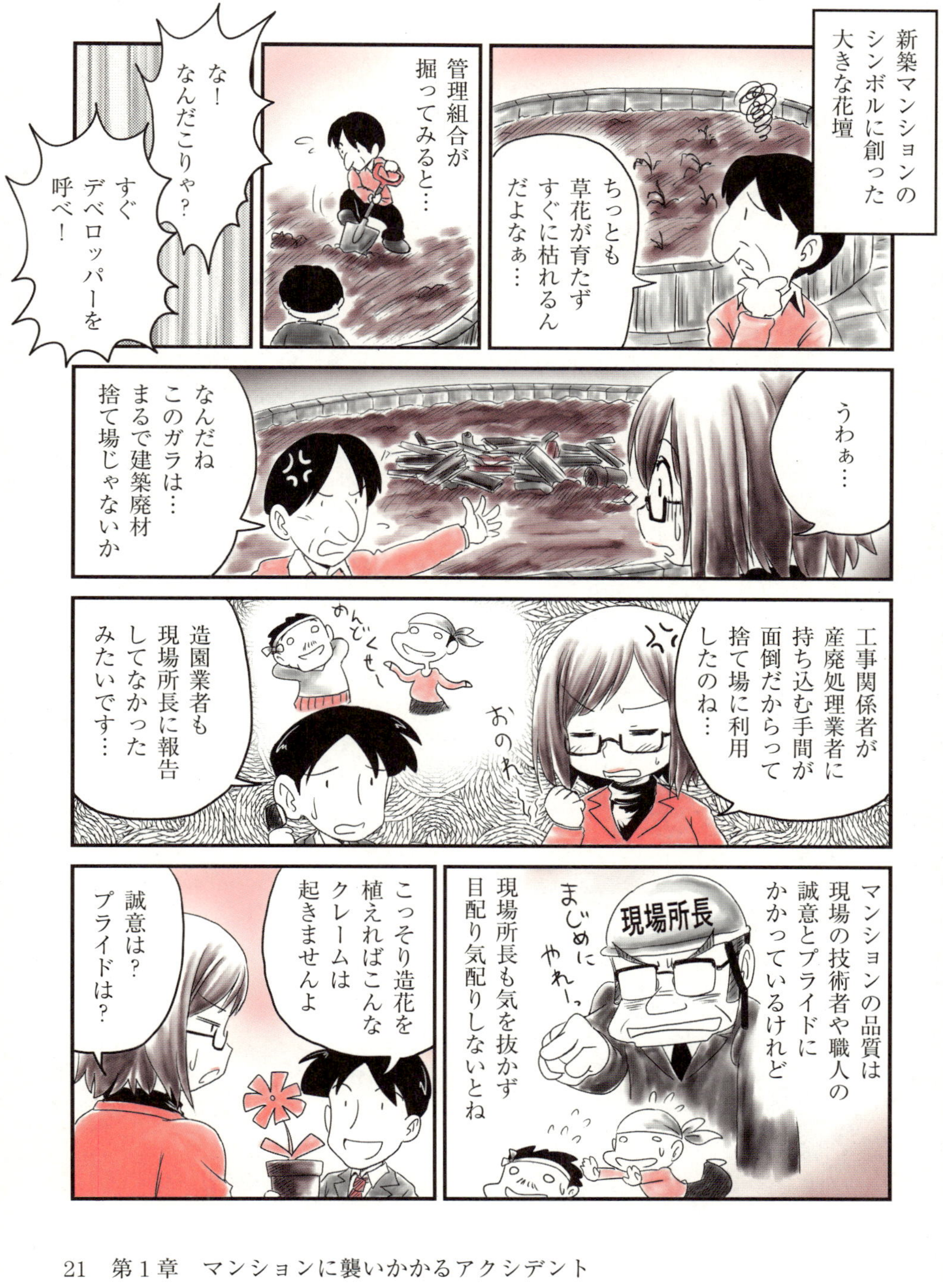
新築マンションのシンボルに創った大きな花壇
ちっとも草花が育たずすぐに枯れるんだよなぁ…
管理組合が掘ってみると…
な！なんだこりゃ？
すぐデベロッパーを呼べ！
うわぁ…
なんだねこのガラは…まるで建築廃材捨て場じゃないか
工事関係者が産廃処理業者に持ち込む手間が面倒だからって捨て場に利用したのね…
おのれ～
めんどくせ～
造園業者も現場所長に報告してなかったみたいです…
マンションの品質は現場の技術者や職人の誠意とプライドにかかっているけれど現場所長も気を抜かず目配り気配りしないとね
現場所長
まじめにやれ～っ
こっそり造花を植えればこんなクレームは起きませんよ
誠意は？プライドは？

第2章　デベロッパーの責任で解決するアフターサービス

1 謝ることからアフターサービスがスタート

マンションは、普通の人にとっては一生に一度あるかないかの高価な買い物です。そこから期待に満ちた新しい生活が始まります。そして、個人の価値観にもよりますが、マンションを最上級の家具や宝石、高級車のように、全く無傷で完璧な商品と考えている人もいます。

ところが、空調設備の整った屋内の工場で作る工業製品と違い、マンションは、夏は焼け付くような炎天下、冬は強い冷えこみの中、雨や風が吹きさらす屋外で施工します。砂利《じゃり》と砂とセメントを水で混ぜ合わせたコンクリートを、鉄筋が複雑に組み込まれた型枠《かたわく》に流し込んで、柱や梁《はり》、床を作ります。現場は過酷な作業条件で、入念に施工をしても不具合の発生を防止するのは容易なことではありません。高額な商品ですけれど、完全無欠なマンションはなかなか造ることができません。

けれども、購入者からクレームの電話を受けたときは、まず謝罪から始まります。「どのような状況かわからないのに謝るなんておかしい、相手につけ込まれるだけだ」という考え方もありますが、デベロッパーとしては、購入者に不快な思いをさせてしまったことをまず謝るのです。不具合を謝罪するのではありません。購入者が感情的になり、マナーやエチケットに反するような言い方になったとしても丁寧に話を聞き、「そんなことはありません」「それは違います」という言葉は控えます。購入者の気持ちが冷静になるまで、ひたすら聞き役に徹します。とはいっても、聞き流しているように感じさせてしまうと、不誠実な対応だと誤解されるので注意が必要です。

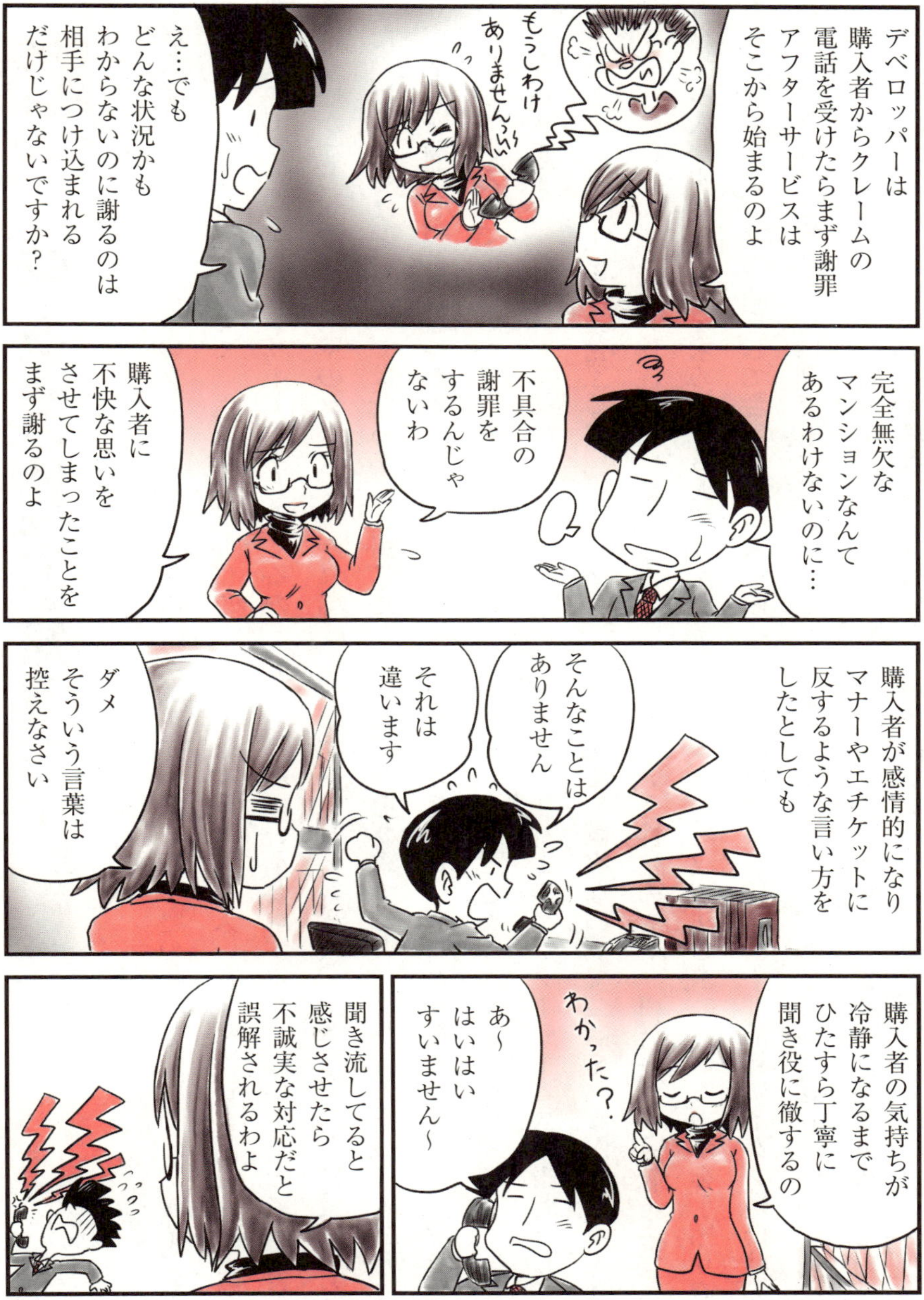

デベロッパーは購入者からクレームの電話を受けたらまず謝罪アフターサービスはそこから始まるのよ
もうしわけありませんん
え…でもどんな状況かもわからないのに謝るのは相手につけ込まれるだけじゃないですか？
完全無欠なマンションなんてあるわけないのに…
不具合の謝罪をするんじゃないわ
購入者に不快な思いをさせてしまったことをまず謝るのよ
購入者が感情的になりマナーやエチケットに反するような言い方をしたとしても
そんなことはありません
それは違います
ダメそういう言葉は控えなさい
購入者の気持ちが冷静になるまでひたすら丁寧に聞き役に徹するの
わかった？
あ～はいはいすいません～
聞き流してると感じさせたら不誠実な対応だと誤解されるわよ

2

購入者の性格を知る

購入者からくるほとんどのクレームは、自分のマンションを素朴に心配して、例えば、天井に亀裂が入ってきたら「コンクリートが落ちてくるのではないか」と思ったり、壁のクロスがはがれてきたのは「欠陥マンションではないか」と感じたり、ドアが開閉しづらくなったのは「マンションが変形しているのではないか」と考えたりしている人からきます。

そうして、クレームを表現する口調や論法も様々で、現実から離れて具体性を欠いている言い方をする人、すぐに結論を求めてくる人、長々とあるべきマンションの話をして説教をする人、頭から怒鳴りつけて威圧的な口調で解決しようとする人などもいます。

その解決方法も、不具合を拡大解釈して金品を要求する人、土下座の謝罪を強要してプライドを回復しようとする人、社長や役員と話したいと言って特別扱いを要求する人、理想を求めて企業を改革すべきだという人、小さな不具合に徹底的な原因追及を要求する人、クレームをつけることに快感を覚える人、やりとりをインターネットで公開したい人など色々な人々がいます。

デベロッパーのアフターサービス担当者としては、明るく誠実な口調で会話をしながら、購入者がどういう性格の人で、何に対して怒りを感じ、どのような解決方法を求めているのかを手探りで見つけ出すようにします。最初にボタンの掛け違いをしてしまうと、あとで取り返しがつかなくなってしまいますので、慎重で思いやりのある対応が必要です。

クレームはほとんど自分のマンションへの素朴な心配からきていることだから明るく誠実な口調で会話しつつ
心配
購入者の性格や何に怒りを感じてどんな解決を求めてるのか手探りで見つけ出すようにするの
クレームの表現や論法も様々…
現実から離れて具体性を欠く
たたりじゃ！てんぐのしわざじゃ！
すぐに結論を求める
で？なおすの？なおさないの？
長々とあるべきマンションの話を説教する
マンションってのはね～
くどくど くどくど
頭から怒鳴りつける
ゴルァァァ
解決方法も様々…
不具合を拡大解釈して金品を要求する人
マネ～マネ～
土下座の謝罪を強要してプライドを回復しようとする人
土下座しろや！
社長や役員と話したいと特別扱いを要求する人
社長をよびたまえ
やりとりをインターネットで公開したい人
クレームなう～
クレームをつけることに快感を覚える人
ぞくぞくぞくぞく
最初にボタンを掛け違いすると後で取り返しがつかなくなるから
慎重で思いやりのある対応が必要よ
これ殴りたい
がまん！

3 購入者のクレームの内容を理解する

初期のクレーム対応は、購入者がどのような要求をしているのかをつかみ取ることが大切です。その際に大事なことは、デベロッパー側の言い分や社内システム、補修の工法などを説明して議論に持ち込まないようにすることです。クレームはフリーダイヤルを利用して訴えているので、購入者の電話代を心配する必要はありません。ひたすらご意見を伺うことに徹するべきです。

マンションのアフターサービス規準の内容とか、社内の責任体制などはこの段階では関係ありません。そして、デベロッパーの担当者が心の中でクレームの重大性をどのように判断しているのかを、話しぶりや応答の仕方で表してもいけません。

自分を無にして購入者の声にひたすら耳を傾け、その主張を的確に理解することに徹し、マンションのどの部位に不具合が生じて、その解決方法をどのように要求しているのかを謙虚にひたすら聞くことに全力をあげます。

けれども、「最高責任者は誰だ？ 社長を出せ！」と言われたら、「アフターサービスに限っては、自分が責任者であり権限を持っています」と言って踏ん張ります。そして、少なくとも、氏名、マンション名、住戸番号を聞き出すことができれば成功といえます。共用部分のクレームでは、「理事長の○○だ！」とだけ言って、マンション名を告げてもらえない場合もあります。そのようなときは、不明であることをまずお詫びして、マンション名をなんとか聞き出すようにします。

※アフターサービスの仕組みや規準については、第8章をご参照下さい。

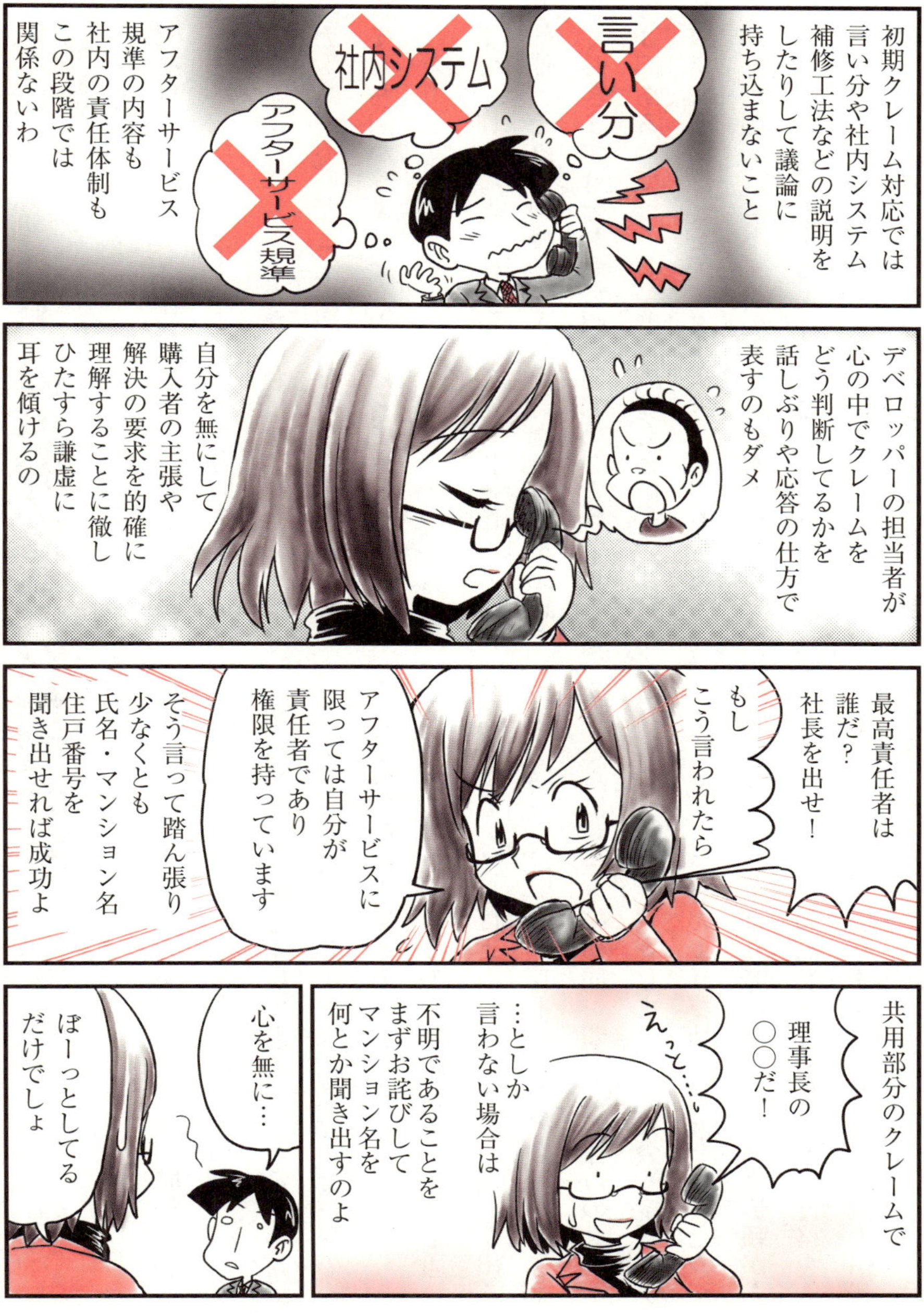
初期クレーム対応では言い分や社内システム補修工法などの説明をしたりして議論に持ち込まないこと
言い分
社内システム
アフターサービス規準
アフターサービス規準の内容も社内の責任体制もこの段階では関係ないわ
デベロッパーの担当者が心の中でクレームをどう判断してるかを話しぶりや応答の仕方で表すのもダメ
自分を無にして購入者の主張や解決の要求を的確に理解することに徹しひたすら謙虚に耳を傾けるの
最高責任者は誰だ？社長を出せ！
もしこう言われたら
アフターサービスに限っては自分が責任者であり権限を持っています
そう言って踏ん張り少なくとも氏名・マンション名住戸番号を聞き出せれば成功よ
共用部分のクレームで
理事長の○○だ！
えっと……
…としか言わない場合は不明であることをまずお詫びしてマンション名を何とか聞き出すのよ
心を無に……
ぼーっとしてるだけでしょ

4 過去の専有部分の補修履歴

デベロッパーは、各住戸の補修履歴をデータベースにしてアフターサービス担当者の全員が検索できるようにしておかなければなりません。このデータが不備だと、機関銃を持った相手方に丸腰で立ち向かうようなもので、とても交渉にはならないでしょう。

まず、住戸ごとに、内覧会の補修指摘箇所の数と部位、それを補修して了承を得た年月日を記録しておきます。それから、定期アフターサービスは3回あるので、そのつど、内覧会と同じように補修指摘箇所などをデータベース化しておきます。そして、例えば「トイレのタンクの水が止まらないのですぐに修理するように」というような随時アフターサービスについても、指摘内容と現地での不具合の状態、補修の方法などを記録しておきます。当然のことですが、各住戸の間取りもすぐに見られるようにしておきます。デベロッパーの担当者は電話に頭を下げてお詫びをしながら目はパソコンに移し、クレームを指摘された住戸の過去の補修履歴を把握することに集中します。

それから、同じフロアの補修履歴にも目を通します。職人の技量によっても仕上げに違いが出るので、同一フロアのクレームの件数も参考にします。さらに、上下階の同一間取りの住戸のクレーム箇所についても調査します。内覧会や定期アフターサービスでどのような補修指摘を受けたのか、随時アフターサービスで何回くらい補修依頼があったのかは、住戸の品質状況や購入者の性格を知る第一級の資料となります。もちろん、個人情報の保護はガイドラインに従います。

デベロッパーは各住戸の補修履歴をデータベースにしてアフターサービス担当者の全員が検索できるようにしておかなきゃいけないわ
住戸ごとに内覧会と定期アフターサービスの補修指摘箇所の数と部位補修して了承を得た年月日
随時アフターサービスの指摘内容と現地での不具合の状態補修の方法を記録
データベース
各住戸の間取り
デベロッパーの担当者は電話でお詫びしながら目はパソコンに移して
ぺこぺこ
補修履歴
指摘された住戸の過去の補修履歴を把握することに集中するの
職人の技量によって仕上げに違いが出るので同一フロアの補修履歴やクレーム件数も参考に
そして上下階の同一間取りのクレーム箇所も調査
データベースは住戸の品質状況や購入者の性格を知る第一級の資料になるの
もちろん個人情報の保護はガイドラインに従うわ
パソコンの使い方を覚えないと…
えーと
え…そこから？

5 マンションの共用部の補修履歴や現場所長の対応力

共用部の定期アフターサービスはマンションの通信簿ともいえるものです。コンクリートのひび割れの状態、モルタルの仕上がり、タイルの浮き具合、塗料の塗り忘れ、扉の取付強度など、竣工時には判明しなかったマンションの出来映えが1年を経過するとハッキリとわかります。もちろん建築基準法などの法的な規制はクリアしていますが、仕上げの善し悪しや施工精度は、残念ながら個々のマンションによってバラつきがあるのも事実です。マンションの出来映えは、デベロッパーが過去に分譲した数多くのマンションとの比較によってわかることなので、個々の購入者が把握するのは難しいといえます。それと、現場所長の管理能力やクレームに対する取り組み方も過去の実績からみえてきます。クレームに対する建設会社の姿勢や下請会社の対応力も明らかになります。

このように、専有部分の補修の履歴と、共用部の補修履歴、それと建設会社の現場所長の対応力がわかれば、購入者が指摘している不具合箇所の補修方法がおおまかに見えてきます。

あとはどのようにすれば購入者の納得を得ることができるかを考えます。このときにも過去の補修履歴とその対応方法が示唆を与えてくれます。購入者の声も落ちつきを取り戻し、冷静に会話ができるようになったころ合いをみて、「申し訳ありません。できましたら明日、現地を拝見させていただければと思います。ご都合はいかがでしょうか?」と、現地を訪問する日時を打ち合わせします。けれども、現実のクレームは千差万別でデベロッパーの読みどおりには解決しません。

マンションの出来映えはバラつきがあるのも事実
1年経過するとハッキリとわかってくるわ
1年
共用部の定期アフターサービスはいわばマンションの通信簿って感じね
通信簿
マンションの出来映えは個々の購入者が把握するのは難しいけど
デベロッパーは過去に分譲したものとの比較で判断できるわ
新
過去
過去の補修履歴と建設会社の現場所長の管理能力やクレームに対する姿勢や取り組み方
下請会社の対応方法がわかりさえすれば
補修履歴
現場所長
下請け
補修方法
クレームで指摘された不具合箇所の補修方法もおおまかに見えてくる
あとはどう購入者の納得が得られるかを考えるのよ
購入者の声も落ち着いて冷静に会話ができるようになったら現地を訪問する日時を打ち合わせ
申し訳ありませんできましたら明日現地を拝見させていただければと思いますご都合はいかがでしょうか？
ダメです
現実は千差万別で読みどおりにはなかなか解決しないけどね

6 とにかく現場に行く

購入者から補修の依頼があると、過去の補修履歴に目を通してから、とにかく大急ぎで現場に行くことです。購入者の補修の依頼がアフターサービス規準に適合するかどうかは、デベロッパーの担当者が現地を目視して、専門的・経験的見地から総合的に判断します。したがって、現地を見ないことには何もスタートしません。

購入者が控えめな口調、あるいは怒気を帯びた声でクレームを指摘しても、そのクレームの補修が困難なものかどうかは、実際に現地を見れば施工ミスの程度や補修方法も判断できるので、冷静な態度で購入者に説明できます。

ところで、クレームの中で最も解決が難しいのが屋上からの雨水の浸入です。パラペットの亀裂、防水層の立ち上がり端部、ドレイン周りなど、雨水が浸入しやすい箇所が数多くあり、なかなか特定できません。それに一度補修しても、再び漏水すると購入者の信用を失ってしまい、ますます解決が難しくなります。専有部分の排水管からの漏水も亀裂箇所を特定するのは難しい作業です。

そして、デベロッパーは自社に施工部門を持っていないので、請負契約に基づいて補修工事を建設会社に指示します。アフターサービスの責任者（デベロッパー）と、補修工事を実際にする技術者や職人（2次や3次の下請業者やひとり親方）との間に何社かが関与するので、迅速な補修ができない場合もあります。でも、これは業界側の事情なので購入者に弁解することはできません。

補修の依頼があったら過去の補修履歴に目を通してからとにかく大急ぎで現場に行く！
アフターサービス規準に適合するかどうかや施工ミスの程度補修方法の判断も実際に現地を見ないとできないからね
クレームの中で最も解決が難しいのは屋上からの雨水の浸入よ
パラペットの亀裂
防水層の立ち上がり端部
ドレイン周り
雨水が浸入しやすい箇所の数が多くてなかなか特定できないし
一度補修しても再び漏水するとますます信用を失ってしまうわ
専有部分の排水管からの漏水も亀裂箇所を特定するのは難しい作業よ
デベロッパーは自社に施工部門がないので請負契約に基づいて補修工事を建設会社に指示するの
建設会社
指示
デベロッパー
指示
指示
指示
技術者
でもデベロッパーと実際に補修工事をする技術者の間に何社か関与するから迅速な補修ができない場合もあるわ
まぁ業界側の事情だから購入者に弁解はできないけどね
また怒られるのヤダ～！

7

購入者目線で上司を説得する

デベロッパーのアフターサービス担当者も組織のサラリーマンです。ヒラメのように上ばかりを見て、上司の経費削減の指示に忠実に従い、購入者のクレームにはアフターサービス規準を厳格に解釈して対応し、建設会社に無償補修を指示する業務方針が理想的な勤務態度といえます。

けれど、この段階で購入者が直接折衝できる窓口はアフターサービス担当者だけなので、この窓口で話がこじれると上層部にまでクレームが飛び火したり、会社の信用を失墜させるような風評が広がりかねません。会社の都合や組織の立て前しか頭にないアフターサービス担当者の心根《こころね》を鋭く察して、購入者がインターネットでそのやりとりを公開するという手段に出たりします。

それはともかく、アフターサービス担当者が補修に消極的だったり、逃げ腰だと、購入者の権利を守ることができません。そこで、多少無理なクレームはアフターサービス規準を説明したうえで、「補修費用を折半するなどの工夫の余地がないかを検討する」と言って会社に持ち帰り、上司を説得する努力と熱意が必要です。特に、内覧会や定期アフターサービスの時点ではほとんど補修依頼箇所のなかった購入者が、遠慮がちに補修を依頼してきたら最大限の努力をするべきです。アフターサービスの担当者は組織人という顔とともに、購入者の利益を守りマンションの不具合を補修するという役割があることを忘れてはいけませんし、会社もその努力や役割を認めているはずです。

デベロッパーの
アフターサービス担当者も
会社の指示に忠実に従う
組織のサラリーマンだけど
指示
会社の都合
組織の建前
社長
購入者の権利…
でも会社の都合や
組織の立て前しか頭になく
補修に消極的な担当者では
購入者の権利は守れないよ
アフターサービスの
窓口で話がこじれたら
上層部にクレームが
飛び火したり
会社の信用を失墜
させるような風評が
広がりかねないわ
クレーム
担当者は組織人の
心構えも大事だけど
購入者の利益を守り
マンションの不具合を
補修する役割を
忘れてはいけないの
組織人
購入者を守る
多少無理なクレームも
アフターサービス規準を
説明したうえで
補修費用を
折半するなど
工夫の余地が
ないか検討
してみます
と言って会社に持ち帰り
上司を説得する
努力と熱意が必要ね
会社もその役割や
努力は認めている
はずよ
認めてますか？
もももももちろん！
動揺しないでください

8 アフターサービス担当者に情報を開示する

マンションの建設プロセスをみていくと、まず用地部が同業他社との競争に競り勝って用地を仕込みます。次に、商品企画部がマンションのコンセプトや社内の設計基準を基に設計事務所に設計図書の作成を委託します。工事部や購買部は建築請負契約の内容を建設会社と詰めていきます。そして、工事が始まると、工事部が現場会議に出席して建設会社の施工を管理します。

通常では、このプロセスにアフターサービス担当部門は関与できません。建築過程を何も知らないままで、いきなり新築マンションのクレームを担当することになり、あわてて竣工図面を机に広げて仕様を調べるようでは的確な対応もできません。いわば、目隠しされた闘牛がいきなり闘牛場に引っ張り出されて、闘牛士と闘うようなものです。

この対策の一つとしては、竣工後3カ月未満のクレームには工事部が対応する方法があります。もちろん、受付窓口はアフターサービス部門で引き受けますが、補修手配は工事部の担当とします。この間にアフターサービス部門と建設会社の現場所長との顔つなぎもしておきます。けれども、工事部も新規のマンション建設の施工管理に追われている場合が多いと思います。

そこで次策としては、アフターサービス担当者は上棟以降の工事現場会議に出席し、さらに、アフターサービスに関連する工事請負契約を建設会社と結ぶときは、アフターサービス部門と合議制にするなど、工事の進捗状況や建設会社との契約関係を把握できるようにすることです。

マンション建設プロセス
用地部が同業他社との競争に競り勝って用地を仕込む
商品企画部がマンションのコンセプトや社内の設計基準を基に設計事務所に設計図書の作成を委託 工事部や購買部は建築請負契約の内容を建設会社と詰める
工事が始まると工事部が現場会議に出席して建設会社の施工を管理
あれ？アフターサービス担当部門は？
このプロセスには通常は関与できないわ
建築過程も何も知らずにいきなりクレーム担当よ
ひどい〜！
そこで対策として竣工後3カ月未満のクレームに工事部が対応する方法があるわ
3カ月未満のクレーム
受付窓口はアフターサービス部門で補修手配は工事部担当
よろしくー
現場所長
工事部
その間にアフターサービス部門と建設会社の現場所長との顔つなぎもしておくの
でも工事部も新規の施工管理に追われてる場合も多いわ
ひ〜〜
次策としては上棟以降の工事現場会議に出席し関連する工事請負契約を建設会社と結ぶときはアフターサービス部門と合議制にするなど
工事現場会議
工事の進捗状況や建設会社との契約関係を把握できるようにするの
僕も会議にまぜて〜！
わー
子供か！

9 アフターサービス担当者に権限を与える

アフターサービスには無償補修の規準があるので、それに従って粛々とクレームを処理すればいいというのはきれいごとすぎます。マンションに不具合が発生するのは人間が行う工事だから仕方がないけれど、その原因には、①近隣住民の建設工事反対運動や、予想外の地中障害物が見つかり、工事の着工が遅れて十分な工期を確保できなかった、②建築コストを押さえたので無理が生じ、取付金具などの強度不足からか不具合が生じた、③職人の技量が不足していた、④住宅機器や機材に品質のばらつきがあった、⑤住宅機器に欠陥が見つかった、⑥設計上の問題があった、など建設会社の施工責任だけでなく、デベロッパーや設計事務所に責任がある場合もあります。

請負契約をたてにとって、建設会社に無償補修を迫っても限度のあるときがあります。それと、アフターサービス担当者の目で見て、口には出しませんが、このマンションの施工精度は低いなと感じるときがあります。

壁のクロスのつなぎ目部分に隙間が目立つ、下地のプラスターボードのジョイント部分に十分なパテを塗り込んでいない、タイル目地のモルタルが欠けている、仕上げのモルタルに毛細亀裂が多数発生しているなどを管理組合や購入者から指摘されたときに、建設会社と協議してもらちがあかないときは、クレームを解決するためにデベロッパーの費用で補修する場合もあります。ですから、アフターサービス部門に年間の予算枠を与えて臨機応変な判断ができるようにするのです。

マンションの不具合原因は色々あるわ
近隣住民の建設工事反対運動や予想外の地中障害物発見で工事の着工が遅れ工期不足
はんたーい
反対
反対
建築コストを抑えたため無理が生じ取付金具等の強度不足からの不具合
ペキン
住宅機器や機材の品質のばらつき・欠陥
設計上の問題
職人の技量不足
タイルはった〜
建設会社の施工責任だけじゃなくデベロッパーや設計事務所の責任の場合もあるし
無償補修
請負契約
請負契約をたてにとって建設会社に無償補修を迫るのにも限度はあるわ
建設会社と協議してもらちが明かないときはデベロッパーの費用で補修する場合もあるから
アフターサービス部門に年間の予算枠を与えて臨機応変な判断ができるようにするのよ
年間予算
予算枠は大事ですね いくらでも欲しい
君の小遣いになるわけじゃないからね

10 アフターサービスと請負金額の支払いをリンクさせる

民法が規定する請負契約では、デベロッパーはマンションの引渡しと同時に建設会社に工事費を支払うことになっています。ところが、これでは建設会社の資金繰りが大変なので毎月の出来高に応じて支払う場合や、着工・上棟・竣工時というように建築工程の節目で支払うときもあります。支払いが好条件でも、現金ではなく長期の手形で支払われることもあります。これはデベロッパーの信用度や資金繰りのほかに、過去の実績や建設会社との力関係が絡み、同じデベロッパーでもマンションや建設会社によって支払条件が変わるときもあります。また、大手といわれるデベロッパーの支払条件がよいというわけでもありません。

ところで、建設会社がデベロッパーにマンションを引き渡す日と、デベロッパーが建設会社へ請負代金を全額支払う日が違うこともあります。もちろん、高度な経営判断や企業同士の親密度、マンションの事業収支によって支払条件は交渉されるので、アフターサービス部門が口を出すべき事柄ではありません。

しかし、例えば、「第1回目の専有部分の定期アフターサービス完了後に建設会社は○○％（残代金）の請求書を提出し、デベロッパーは受領した翌月を起算日にして○カ月後の末日までに建設会社指定の銀行口座に振込送金にて支払う」という支払条件が請負契約にあれば、デベロッパーのアフターサービス担当者も工事費の残金支払いという権限を持って建設会社と折衝できることになります。

民法が規定する請負契約ではデベロッパーはマンションの引渡しと同時に建設会社に工事費を支払うことになってるけど
引渡し
出来高払い
一括払い
工事費
でもそれだと建設会社の資金繰りが大変だから毎月の出来高払いや着工・上棟・竣工時という建設工程の節目で支払う場合もあるの
デベロッパーの信用度や資金繰り過去の実績や建設会社との力関係によって現金でなく長期手形で支払われることもあるわ
よろしく〜
長期手形
マンションの引渡し日と請負代金の全額支払日は連動してるわけじゃないし
交渉中
支払条件の交渉はアフターサービス部門が口を出す事柄ではないんだけど
でもこんな支払条件が請負契約にあればデベロッパーの担当者も工事費の残金支払権限を持って建設会社と折衝できるわ
第１回目の専有部分の定期アフターサービス完了後に建設会社は残代金の請求書を提出しデベロッパーは受領した翌月を起算日にして○カ月後の末日までに建設会社指定の銀行口座に振込送金にて支払う
長期手形いいですね百年くらいのないかな
あるわけないでしょ！

11

建設会社からアフターサービスの預り金を受け取る

デベロッパーは建設会社との請負契約の中に「建設会社は、アフターサービスに関してアフターサービス規準に定める期間、補修の責任を負う」という条項を入れているので、購入者から補修の依頼を受けると、建設会社に補修の指示をすることができます。

クレームがアフターサービス規準に該当するかどうかは、デベロッパーの担当者が判断することになっています。けれども、建設会社が、①なかなか技術者を派遣して補修を行わない、②この程度の不具合はアフターサービス規準の適用除外と判断してしまう、③建設会社が指示しても下請会社が動かない、④補修工事の段取りが遅い、⑤きちんとした補修工事をしない、などで補修工事が遅れて購入者の怒りを買うことがあります。

アフターサービス関係費用の工事原価に占める割合は様々ですが、あらかじめ工事金額の200分の1くらいの金額をアフターサービスの預り金として、デベロッパーが建設会社から預かる方法もあります。最終代金の支払いのときに預り金を対当額で相殺することにして、預かる期間はマンションの竣工から2年程度とします。そして幸いにも預り金を使わなかったときは無利息で返却します。

デベロッパーは建設会社のアフターサービスの動きが悪いときに、この預り金を原資にして建築の専門会社に直接発注すれば迅速な補修工事を実施できます。

クレーム内容が
アフターサービス規準に
該当するかどうかは
デベロッパーの担当者が
判断するんだけれど
おそい〜
てへ
建設会社
建設会社側の問題で
補修工事が遅れて
購入者の怒りを
買うことがあるわ
なかなか技術者を
派遣して補修を行わない
あとで あとで
アフターサービス規準の
適用除外と勝手に判断
もんだいな〜い
建設会社が指示しても
下請会社が動かない
補修工事の段取りが遅い
きちんと補修工事をしない
もたもた
こういう建設会社の
アフターサービスの
動きが悪いときのために
デベロッパーが
建設会社から預り金を
預かる方法があるわ
預り金です
額は工事金額の
２００分の１程度で
最終代金支払いの時に
預り金を対当額で相殺
預かる期間は
竣工から2年程度
使わなかったら
無利息返却
この預り金を原資に
建築の専門会社へ
直接発注すれば
迅速な補修工事が
実施できるの
補修発注
Zzz…
…君の財布も
預かったら
真面目に聞く？

12

現場所長にしばらくの期間常駐してもらう

入念に施工したつもりでも、実際に購入者が入居してみると、様々なトラブルが発生します。例えば、システムキッチンの扉でも、①棚板《たないた》の枚数が足りない、②扉が建具の枠と比べると傾いている、③枠に汚れがある、④扉に貼ってある塩ビシートがはがれている、⑤扉の下桟がささくれている、⑥蝶番《ちょうつがい》のネジが1本欠けている、など様々な不具合が生じたりします。入居する前には円滑に動いていた和室の障子も、実際に生活をすると、調理や浴室からの水蒸気で木材が伸張してスムーズに動かない場合があります。木材は水分を吸い込むと伸び、乾燥すると縮むという性質があるので、建具職人が横框《よこかまち》を少し削って調整します。このような場合、現場所長が数カ月程度、現地の事務所に常駐して下請業者や資材業者、設備業者を手配すると、クレームを迅速に解決することができます。

さらに、設計図を修正して竣工図を完成させ、デベロッパーに提出するという大事な仕事も残っているので、現場所長がしばらくの期間、現場事務所に常駐すれば図面修正作業も手早く進みます。

そこで、請負契約に「建設会社はマンションをデベロッパーに引き渡した後1カ月間は、現場所長または所長に準じる者を常駐させ、アフターサービスや瑕疵担保責任の迅速な対応に備えなければならない」という条項を入れておくと、デベロッパーは安心して購入者からのクレームに対応できます。そして、建設会社の人員配置計画は大変になると思いますが、現場所長はアフターサービスや竣工図作成に専念できるのです。

入念に施工したつもりでも
購入者の入居後に様々な
トラブルが起こるわ
システムキッチンの
棚板の枚数が
足りない！
和室の障子が
スムーズに
動かない！
現場所長
業者手配
そこで現場所長が1カ月程度
現地の事務所に常駐して
下請け業者や資材業者
設備業者を手配すれば
クレームを迅速に解決可能よ
さらに
設計図を修正して
竣工図を完成させ
デベロッパーに
提出する
大事な仕事も
現場事務所に
常駐すれば
手早く進むわ
だから請負契約に
こういう条項を
入れておくの
建設会社はマンションを
デベロッパーに引き渡した後
1カ月間は現場所長
または所長に準じる者を
常駐させアフターサービスや
瑕疵担保責任の迅速な対応に
備えなければならない
そうすればデベロッパーは
安心して購入者からの
クレーム対応ができるし
現場所長は
アフターサービスや
竣工図作成に専念できるわ
安心
クレームで
怒られるのも
現場所長に
任せれば…
あのねぇ…

第3章　建設会社が補修するアフターサービス

1 マンションを造り上げるのは建設会社

マンションは設計図のとおりに造ります。したがって、設計事務所の役割は大きいのですが、パソコンに入っている図面や仕様書はいわば仮想の世界です。そこでは人間が住み、生活することはできません。その仮想空間を現実のマンションに造り上げていくのが建設会社の力です。そして、図面や仕様書で表現されているマンションの強度や性能、精度は建設会社の施工能力で実現していくのです。建設会社はマンションを完成させる手段、方法を自由に選択できるので、例えば、仮設工事の計画や段取りは、本工事を効率よく施工していくための具体策となり、現場所長がその力量を発揮していきます。

「工事は段取り七分に仕事が三分」といわれていて、建設現場はクレーンやユンボ（油圧シャベル）がところ狭しと動き回っていて、重機が占領しているみたいに見えますが、実際には技術者が建設重機を動かしているのだし、その工程をコントロールしているのは現場所長です。

マンション建設には設計事務所の工事監理者がいて、「工事が図面どおりに行われていることを承認する権限」を持っているケースもありますが、実際の「監理の承認」とは、「建設会社の責任において施工した工事を監理者が承認する」という「後出しジャンケン」みたいなもので、あくまでも施工の責任は建設会社になっています。それから、デベロッパーは購入者にマンションの品質をアフターサービスで保証していますが、その現実の重みを支えているのは建設会社の技術力なのです。

設計図のマンションを現実の建物にするのは建設会社の施工能力にかかっているのよ
建設会社
施工能力
じあーん
確かに建設現場のクレーンとかユンボとか重機の能力はすごい!
いや そうじゃなくて
工事は段取り七分に仕事が三分といわれてるわ
段取り七分
仕事三分
現場所長
建設会社の仮設工事の計画や段取りが本工事を効率よく施工する具体策になるから現場所長が力を発揮するの
現場所長
工程
現場で目立つ建設重機も操縦する技術者あってのことでその工程をコントロールしてるのは現場所長よ
設計事務所の工事監理者が工事が図面どおりに行われていることを承認する権限を持ってるケースもあるけれど
承認権限
設計事務所 工事監理者
それは『建設会社の責任で施工した工事』を監理者が承認する権限だからあくまで施工の責任は建設会社にあるの
建設会社
施工責任
デベロッパーは購入者にマンションの品質をアフターサービスで保証しているけれど
その現実の重みを支えているのは建設会社の技術力なのよ
僕の仕事は段取り九分…いや十分かな
働け

2 現場所長が設計図書を精査する

マンションを数多く手がけている設計事務所の設計図書でも、デザインを重視し過ぎて雨仕舞《あまじまい》に問題があったり、耐久性に難点があったり、竣工後のメンテナンスが困難など、建設会社の立場から見ると不十分な箇所が見られます。例えば、道路や駅の周辺などで騒音対策として防音サッシを使っているが、換気口やレジスターが防音タイプになっていないとか、斜壁なのにタイルを張っている、屋上のパラペットに目地を設けていない、ハーフPCと現場打ちコンクリートの取合い部分の止水対策が十分でない、躯体内に設置した機械式駐車場から発生する騒音・振動が上階の住戸に伝播《でんぱ》する構造になっている、スラブ隅角部《ぐうかくぶ》の断熱補強が不足している、採用している金属金具の耐久性や強度が不足している、排水溝に土砂が流入しやすい構造になっているなど、実際に施工する現場所長の目から見ると、将来のクレームにつながる箇所を拾い出すことができます。

そこで、現場所長は設計者やデベロッパーと協議して、工事予算の範囲内でコンクリートのひび割れ防止や、漏水対策、騒音対策に予算を追加し、外壁タイルの一部を吹き付けタイルにする、システムキッチンの浄水器をオプションにする、リビングのピクチャーレール設置を取り止めるなどで予算を圧縮する提案をしていくべきです。アフターサービスの補修工事を実際に担当するのは現場所長なので、納得のいく仕様や工法で工事を進めていかないと、竣工後にアフターサービス工事に追われることになりかねません。

マンションを数多く手がけた設計事務所の設計図書でも実際施工する建設会社の現場所長の目から見ると不十分で将来のクレームにつながる箇所が見えてくるわ
排水溝に土砂が流入しやすい
金属金具の耐久性・強度不足
屋上のパラペットに目地を設けてない
現場所長
スラブ隅角部の断熱補強不足
換気口やレジスターが防音タイプになってない
斜壁なのにタイル張り
躯体内設置の機械式駐車場から騒音・振動が上階住戸に伝播する
ハーフPCと現場打ちコンクリートの取合い部分の止水対策が不十分
設計図書
現場所長は設計者やデベロッパーと協議し工事予算の範囲内でコンクリートのひび割れ防止漏水・騒音対策に予算を追加
予算追加！
現場所長
予算圧縮！
外壁タイルを一部吹き付けタイルにするリビングのピクチャーレール設置の中止キッチンの浄水器をオプションにする等の予算圧縮のための提案もしていくべきね
アフターサービスの補修工事を実際に担当するのは現場所長だから
不具合
不具合
不具合
現場所長
納得いく仕様や工法で進めないと竣工後にアフターサービス工事に追われることになりかねないわ
中身をしっかり詰めるわけですね僕の頭のように
君はスカスカじゃない？

3

マンションには多数のオーナーが存在する

オフィスビルや商業ビルのオーナー（所有者）は通常1人で、その人が発注者となります。事務室や店舗の場合は柱の少ない開放的な空間を目指し、発注者のイメージが明確で設計図書や仕様書がその意図を正確に表現していれば、建設会社もその実現に向かって施工していくことができます。

ところが、マンションの場合、発注者は1社（デベロッパー）ですが、本当のオーナーは購入者なので、100戸のマンションでは100人のオーナーがいることになり、マンションに求めているイメージや品質、施工精度に対するこだわりも様々です。

そして、マンションでは間口が約6m、奥行きが12m前後の住戸が標準とはいうものの、ワンルーム、2LDK、3LDKなどと多彩なタイプがあり、住宅機器はシステムキッチンや浴室、トイレ、空調設備を住戸ごとに設置していかなければならないし、各部屋の内装もリビングや洋室、和室、納戸で異なり緻密な作業が要求されます。

さらに、購入者のほとんどが30年を超えるような住宅ローンを組んでいるので、マンションに対する思いには特別なものがあります。

建設会社はデベロッパーの設計基準や、設計事務所の設計図書に表現された品質を施工で実現していきますが、同時に多数のオーナーが描いている多様な夢をマンションという形に表す作業ともいえるので、労の多い仕事です。

マンションの発注者はデベロッパーの1社だけど本当のオーナーは購入者だから100戸のマンションだと100人のオーナーがいることになるわ
100戸
オーナー100人
マンションに求めるイメージや品質施工精度に対するこだわりも様々よ
マンションはワンルーム2LDK、3LDKなど多彩なタイプがあり住宅機器はシステムキッチンや浴室・トイレ・空調設備も住戸ごとに設置しなければならないし
LDK
WC
UB
ワンルーム
2LDK
3LDK
各部屋の内装もリビングや洋室・和室・納戸で異なり緻密な作業が要求されるわ
購入者のほとんどが30年を超えるような住宅ローンを組んでるから
長期ローン
マンションに対する思いは特別なものがあるのよ
建設会社はデベロッパーの設計基準や設計事務所の設計図書に表現された品質を施工で実現していくけれど
同時に多数のオーナーの夢を「マンション」って形に表す作業ともいえるから労の多い仕事よ
オーナーの夢
人の夢はローンで買える…
夢のない言い方やめて

4 マンションの仕上がりを最終判断するのは購入者

特定行政庁の建築主事や指定確認検査機関の検査を受けて検査済証を取得し、設計事務所の監理者の検査にも合格し、デベロッパーの厳しい施主検査を受けて駄目直しを行い、何とか竣工期限直前に工事が完了したのでホッとひと息、と思っていた矢先に開催された内覧会で、購入者にフローリングやクロス、システムキッチンの汚れや傷、塗装のムラなどの細かい箇所を指摘されると、建設会社はほぼ無条件で補修しなければなりません。

請負契約の条件で、建設会社にはデベロッパーの施主検査を受けて指摘箇所を補修する義務がありますが、マンション購入者とは何の契約関係もありません。ところが、もっとも厳しい指摘をするのが購入者で、その指摘をデベロッパーもほぼ無条件に認めているので、マンション竣工から引渡しまでの間に、建設会社は内覧会指摘事項を補修しなければなりません。

実はマンションという商品は、デベロッパーがまだ見ぬ購入者を勝手にイメージして造っています。だから自由設計（フルオーダー、セミオーダー）や、メニュープラン（間取り選択）、パーツセレクト（キッチン、ユニットバスの選択）、カラーセレクト（クロスやフローリングの色選択）、グレードアップ（オーブンレンジやＩＨクッキングヒーター、食器洗い乾燥機、食器棚、カウンター収納の追加）などを用意して、本当のオーナーのニーズに手探りで応えようとしています。こういう仕組みなので、真の発注者は購入者で、その指摘事項は施主の声ということになっているのです。

請負契約の条件で建設会社にはデベロッパーの施主検査を受けて指摘箇所を補修する義務があるけれど
実は一番厳しい指摘は何の契約関係もない購入者がするの
内覧会購入者
すぐ補修しまーす
その指摘をデベロッパーもほぼ無条件に認めてるから建設会社は購入者からの内覧会指摘事項をマンション竣工から引渡しまでの間に補修しなくてはならないわ
マンションという商品はデベロッパーが勝手にまだ見ない購入者をイメージして造るから選択できるメニューを用意して本当のオーナーのニーズに応えようとするの
自由設計
（フルオーダー・セミオーダー）
メニュープラン
（間取り選択）
パーツセレクト
（キッチン・ユニットバスの選択）
カラーセレクト
（クロスやフローリングの色選択）
グレードアップ
（オーブンレンジやＩＨクッキングヒーター
食器洗い乾燥機・食器棚・カウンター収納の追加）
こういう仕組みだから真の発注者は購入者で
購入者
真の施主
その指摘事項は施主の声ということになっているのよ
購入者の声は天の声…お客様は神様ですってことですね
何かズレてる気がするけど

5 購入者とはデベロッパーを通じて交渉する

マンションには多数の購入者がいて、それぞれが多様な補修の要求をしてきます。そして、売主はデベロッパーでも、マンションの建築工程や仕様、工法をもっとも理解し、実際の補修工事を行うのは建設会社だとわかった購入者は、建設会社と補修の交渉を直接しようとすることがあります。特にメニュープランや自由設計で間取りや仕様を変更した場合に、工事を施工した建設会社の現場所長と顔見知りになった購入者が、ダイレクトにクレームを現場所長に訴えることがあります。

建設会社はデベロッパーと請負契約を結んでいるので、デベロッパーから補修の指摘があった場合は、現地を調査してアフターサービス規準に適合する不具合が生じていれば、それを補修する契約上の義務があります。ところが、購入者とは契約関係がないので、建設会社の責任で補修の範囲や工法について折衝することは避けるべきです。建設会社が購入者に対して負う責任は、建築基準法の安全規定関係の違反や、重大な過失、危険な手抜き工事などの不法行為に限られるので、そのような問題が発生していないのに建設会社が直接購入者と交渉する義務はありません。

なかには、クレーマーのような購入者の無理な補修要求に苦慮したデベロッパーが、交渉を建設会社に振ってくることもあります。けれども、購入者の要求に対して話し合いで解決し、アフターサービス規準に従って補修を約束するのは、売主であるデベロッパーの役割なので、建設会社は施工の責任者として技術的なアドバイスをする程度に役割を限定して対応したほうがよいでしょう。

マンションには
多数の購入者がいて
それぞれが多様な
補修要求をしてくるの
どないなってんじゃ
現場所長
建設会社
売主はデベロッパーだけど
実際に補修工事を行うのが
建設会社だとわかると
建設会社や現場所長に
補修の交渉やクレームを
直接訴えることもあるわ
建設会社が
購入者に対して
負う責任は建築基準法の
安全規定関係の違反や
重大な過失
危険な手抜き工事などの
不法行為に限られるから
交渉させろ〜っ
ダメ
建築基準法
安全規定
そういう問題が
発生してないのに
建設会社が直接購入者と
交渉する義務はないわ
なかにはクレーマー
みたいな購入者の
無理な補修要求に
苦慮したデベロッパーが
建設会社に交渉を
振ってくることもあるけど
なんとかして〜
話し合いで解決して
アフターサービス規準に
従い補修を約束するのは
売主のデベロッパーの
役割だから
建設会社は
施工責任者として
技術的な
アドバイス程度に
役割を限定して
対応するほうが
いいわね
あ〜〜っ

6 請負契約の明細を明らかにする

建築工事の請負契約の内容は、請負契約書、設計図、仕様書、そして内訳書（見積書）によって確定することができます。設計図書（設計図と仕様書）には現場説明書と質問回答書が含まれています。ところで、契約は、請負契約書にデベロッパーと建設会社の双方が記名・押印するのではなく、発注書と請書の受け渡しをする場合があります。建築工事の条件をデベロッパーが一方的に発注書という書式で示し、建設会社が「ご指示の条件でお請けします」という請書を提出します。名称にこだわる必要はないので中身の条件（契約内容）が大事なのですが、なんとなくデベロッパーの尊大さが気になります。デベロッパーと建設会社はお互いに協力し合うパートナーなのです。

建設会社の側からは、マンションの請負契約は双務契約（当事者が互いに対価としての債務を負担）ではなく、片務契約（建設会社が追加工事費用を一方的に負担）ではないかという声が聞かれます。例えば、モデルルームの仕様がレベルアップしても工事代金の増額を認めない、デザイナーなどが参加して仕様をアップしても追加金額を認めないなどです。これには、契約時点で金額は決めたけれど工事内容が明確になっていない、設計図書、仕様書の不明瞭な部分を詰めていない、建設会社の責任者が営業上の配慮から追加工事の対価を要求しない、などに原因があるようです。

建設会社は粗い図面しかない段階でマンションの完成を約束する受注産業ですけれど、着工時までには契約内容を詳細に詰めて、材質やその品番を見積内訳書で詳細に記載しておくべきです。

請負契約書に デベロッパーと 建設会社の双方が 記名・押印しないで 発注書と請書の 受け渡しをする場合
建築工事の条件を デベロッパーが 一方的に発注書という 書式で示して
よろしく〜
発注書
建設会社は
ご指示の条件で お請けします
請書
という請書を 提出するけど
何かデベロッパー 偉そうな…
デベロッパーと 建設会社は お互いに協力し合う パートナーなのにね
マンションの 仕様レベルが 上がっても 工事の追加費用を 認めてくれないと
建設会社側からは 双方が債務負担する 双務契約ではなく 建設会社が一方的に 追加費用を負担する 片務契約ではないか って声も聞かれるわ
追加費用は 認めないヨ!
片務契約 なのでは…
原因は契約時点で 金額は決めたけど 工事内容が不明確
設計図書・仕様書の 不明瞭な部分を 詰めていない
建設会社の責任者が 営業上の配慮から 追加工事の対価を 要求しないなどね
工事内容 不明確
不明瞭部分 詰めず
追加対価 要求なし
建設会社は 粗い図面の段階で マンションの完成を 約束する受注産業だけど
着工時までには 契約内容を詰めて 材質やその品番を 見積内訳書で詳細に 記載しておくべきよ
こまかく こまかく
見積内訳書
びっしりと 抜け目なく 記載して あります
えへん
真っ黒で 読めないな

7 建設会社の責任は施工に関係することだけ

購入者がアフターサービスを評価する場合の主なポイントは、①窓口のわかりやすさ、②担当者の対応の丁寧さ、③迅速な手配、④納得のいく解決策です。このうち建設会社が関係するのは「納得のいく解決策」となります。

「納得のいく解決策」といっても、それは最善の解決策を追求していくのではなく、アフターサービス規準の範囲内で迅速に補修工事を行うことです。同規準では、補修（修補）は、「構造耐力上または機能上の観点から必要な範囲内で行うので、部分補修となる場合があり、その際仕上げ面の色合いの相違が生じることがある」と明記しています。

例えば、コンクリート外壁の亀裂をU字カットして補修した場合に、塗装仕上げは部分的となり、周りの外壁の色合いと異なってもやむをえないといえます。また、塗装については「引渡し後の褪《たい》色《しょく》、傷は含みません」、モルタル面等の亀裂、浮き、はがれについては「毛細亀裂及び軽微な浮き、はがれを除きます」と規定しています。

そして、建設会社は施工上の不具合について責任を負いますが、例えば、雨仕舞を設計図どおり施工したのに漏水したときは、設計者に責任があるといえます。

それから、外部階段を鉄骨階段にしたところ、「足音が響いてうるさい」というクレームが居住者からきても、その仕様を指定した設計者や、承認したデベロッパーの責任といえるので、騒音対策の工事費を建設会社が負担する必要はないでしょう。

購入者がアフターサービスを評価するポイントは4つ
① 窓口のわかりやすさ
② 担当者の対応の丁寧さ
③ 迅速な手配
④ 納得のいく解決策
このうち建設会社が関係するのは④の「納得のいく解決策」
…といっても最善を追求するんじゃなくてアフターサービス規準の範囲内で迅速に補修工事を行うの
例えば塗装の規準にはこんなふうに明記されてるわ
『構造耐力上または機能上の観点から必要な範囲で行うので部分補修となる場合がありその際仕上げ面の色合いに相違が生じることがある』
『引渡し後の褪色・傷は含まない』
『毛細亀裂及び軽微な浮き・はがれを除く』
建設会社は施工上の不具合には責任を負うけれど
雨仕舞を設計どおりに施工したのに漏水した場合や
外部階段を鉄骨階段にしたら
ガン
ゴン
足音が響いてうるさい！
ってクレームが居住者からきた場合
その仕様を指定した設計者や承認したデベロッパーの責任といえるから
責任
建設会社が工事費を負担する必要はないわ
僕だってお金なんかないですよ！
君の自腹とは言ってないでしょ

8

アフターサービス規準を超えるサービスは別途の追加工事と考える

世の中は合理的ではなく、理屈どおりにはなかなかいきません。ましてや、購入者のクレームに対応するアフターサービスでは、何が起きるかわかりません。

デベロッパーの担当者が、現地を訪問したけれど留守だったのでそのまま長期間放置してしまった、交通事情で約束の時間に大幅に遅れてしまった、ヒステリックに叱咤されたのでつい反論してしまった、連休や出張が重なり現地訪問が遅れてしまった、突発的な事故が発生して訪問を土壇場でキャンセルしてしまったなどの理由で購入者の感情を害してしまい、それを取り繕うために、つい、アフターサービス規準を上回る範囲の補修を約束したり、規準適用除外の不具合でも補修を引き受けてしまうときもあります。

建設会社とデベロッパーは一心同体のようなもので、購入者のクレームにはお互いに助け合って解決していきます。だから、デベロッパーが約束した補修は建設会社が施工しますが、アフターサービス規準を超える補修は別途の追加工事と考えられます。できれば見積書を提出して発注書を受け取り、補修工事にかかるべきです。早急に対応しなければならないときは、事後の書類のやり取りでもいいでしょう。もっとも、補修工事を行った職人が、非常階段に座って空缶を置いてタバコを吸うなど、態度が悪かったことに腹を立てた購入者がデベロッパーに苦情をいい、担当者が平身低頭してお詫びすることもありますので、やっぱり持ちつ持たれつです。

購入者のクレームに対応する
アフターサービスでは
何が起こるかわからない
購入者の感情を害してしまい
それを取り繕うために
ついアフターサービス規準を
上回る範囲の補修を約束したり
がるるるるる
ぺこぺこ
適用除…いえ…なんでもないです
…直します
規準適用除外の不具合でも
補修を引き受けてしまうことも
あるの
デベロッパーが約束した補修は
建設会社が施工するけど
アフターサービス規準を超える
補修は別途の追加工事になるわ
これは追加工事だから
ちゃんと発注してください
見積書
できれば見積書を出して
発注を受け取ってから
補修工事にかかるべきね
早急の場合は事後の書類の
やり取りでもいいわ
補修工事を行った
職人の態度が悪くて
腹を立てた購入者が
デベロッパーに
苦情を言って
担当者が
平身低頭で
お詫びする
こともあるから
なんだあれは!
購入者の
クレームには
建設会社と
デベロッパーは
持ちつ持たれつ
お互い助け合って
解決するのよ
押し付け
合うんじゃなくて
そっちが
そっちが

9 アフターサービスは工事部単位で取り組む

マンションの建設過程で発生するトラブルを、最も適時適切に見つけ出して解決していくのは、設計者でも、監理者でも、デベロッパーでもなく、建設会社の現場所長です。そして、竣工2年目の定期アフターサービスまでは現場所長が建設会社の窓口になってクレームに対応してアフターサービスを実施するのが通常です。現場所長は建築工事や電気設備、給排水設備を実際に施工した協力業者（下請業者）と苦楽を共にした仲ですから、アフターサービスの補修工事もスムーズにことが運びます。現場所長は次の新しい建築工事を担当しながら、マンションのアフターサービスも行わなければならないので、新・旧の現場を掛け持ちします。

ところが、その現場所長がマンションの所在からは遠く離れた場所の工事を担当（神奈川県から茨城県など）したり、地方に転勤になったりすると、クレームの現場にすぐには駆けつけられないので、迅速なアフターサービスができなくなります。

建設会社としては、アフターサービスを現場所長だけに任せるのではなく、組織として対応していくべきです。それは、マンション工事部とか、建築部というように会社によって名称は違いますが、部単位でアフターサービスに取り組み、部長、課長、所長、係長が力を合わせてアフターサービス工事を施工する体制を作ることです。現場所長になってマンションを建設すれば、アフターサービスは付きものなので、工事部内でお互いに助け合ってクレームを解決していきます。

マンションの建設過程で発生するトラブルを最も適時適切に見つけて解決するのは建設会社の現場所長よ
現場所長
窓口でーす
現場所長は竣工2年目の定期アフターサービスまで建設会社の窓口になってクレームの対応とアフターサービスを実施するのが通常よ
現場所長は建築工事や電気設備給排水設備を実際に施工した協力業者と苦楽を共にした仲だから
補修工事もスムーズに事が運ぶの
現場所長
だけど現場所長は次の新しい建築工事を担当しながらアフターサービスも行うので新・旧現場を掛け持ち…
新
ぜー
ぜー
はー
はー
旧
もし新・旧の現場が遠く離れてるとクレーム現場にすぐ駆けつけられずアフターサービスを迅速に行えないわ
建設会社としては現場所長だけにアフターサービスを任せず○○部というような部単位の組織として対応するべきね
マンション工事部
建築部
部長・課長・所長・係長が力を合わせ補修工事を施工する体制を作って工事部内でお互い助け合いクレームを解決するの
アルティメットクレームバスター部ってどうでしょう?
もっと普通につけたら?
現場所長

10 建設会社はどこまで販売に協力すればいいのか？

建設会社がデベロッパーに提出した工事見積書の条件をみると、①地中物撤去工事、②近隣補償、③確定測量費などは、通常では見積りの範囲外となっています。ほとんどの請負契約では工事の追加や変更があったときは代金額を変更できることや、竣工が遅れた場合の違約金の条項があります。

ところで、デベロッパーは工事途中で現地見学会を開催することがあります。これは日・祭日に行われることが多く、購入検討者（見込客）は現地を訪れて工事の進捗状況などの説明を受けます。実際の工事を見られるので販売促進効果がありま す。工事の説明は現場所長が担当しますが、平日は現場の監督や各種下請業者間の調整、仕事の段取りに追われて、やっと週末が来ると現地説明会に駆り出されるのでは身体を休める暇がありません。年に数度なら仕方がないといえますが、毎週定例的に行われると現場所長の体力が消耗し、安全対策もおざなりになる心配があります。

それと、眺望が売り物のマンションでは、上棟後に上階を案内する場合があります。これも仮設の通路を作ったり、安全対策や養生をしなければならないし、さらには法的な問題や手続きが必要なときもあります。素晴らしい眺望を見れば購入検討者の心が動きますが、安全を優先しなければならない現場所長の負担は大きくなります。それから、いくつかの住戸を棟内モデルルーム用として先行して内装工事を仕上げるときもありますが、これにも特別の費用がかかります。できれば契約書、覚書、見積書条件などでこのような経費の負担を明確にするべきです。

デベロッパーはマンションの
工事途中で現地見学会を
開催することがあるわ
開催日で多いのは
日曜日・祭日で
購入検討者は
現地を訪れ
工事の進捗状況などの
説明を受けるの
実際の工事が見られるので
販売促進効果があるわ
現地見学会
工事の説明担当は
現場所長だけれど
平日は現場監督や
各種下請業者間の調整
仕事の段取りに追われて
休日は現地説明会だと
身体を休める暇がないわ
年に数度ならともかく
毎週定例的だと
現場所長の体力が消耗して
安全対策もおざなりにならないか心配ね
現場所長
眺望が売り物のマンションは
上棟後に上階を案内する
場合もあるし
上にGO!
これも仮設通路の建築や
安全対策・養生が必要だし
法的な問題や手続きが
必要なときもあるの
安全対策
法的手続き
素晴らしい眺望を見れば
購入検討者の心も動くけど
安全最優先の
現場所長は負担が
大きくなるわね
ハラハラ
いくつかの住戸を
棟内モデルルーム用に
先行して内装工事を
仕上げるときも
特別に費用がかかるわ
¥
聞いてるだけで
疲れが…
できれば契約書・覚書
見積書条件などで
こういう経費の負担は
明確にすべきね

第4章　管理会社がサポートするアフターサービス

1 管理会社がアフターサービスを担当することもある

マンションのアフターサービスは売主のデベロッパーが購入者に約束したサービスです。けれども、デベロッパーによってはアフターサービスの担当窓口を関連のマンション管理会社に委託することがあります。

この場合には、デベロッパーは購入者と結ぶ売買契約の中で、「本マンションのアフターサービス業務を○○管理会社に委託することを購入者は承諾する」という内容の条項を追加しています。

そして、アフターサービス業務とは、購入者からのアフターサービスの受付、現地確認、アフターサービス規準に該当するかの判断、建設会社に対する補修工事指示、補修工事完了の確認などをいいます。

マンションの管理会社がアフターサービスを担当するメリットとしては、管理員がマンションに常駐していたり巡回しているので、購入者は何か不具合を見つけるとすぐに管理員に補修を依頼することができることです。いわば、小回りのきくサービスを購入者は受けることができます。エアコンの調子が悪いとか、扉の枠がゆがんでいるなどの細かい不具合には迅速に対応できます。

デベロッパーから委託を受けた管理会社は、管理組合のための管理業務と、デベロッパーのアフターサービス業務を同時に行うので、いわば二足のわらじを履くようなものです。アフターサービス業務で不手際があると、管理業務にまで悪い印象を受けることがあるので注意が必要です。

デベロッパーによってはアフターサービスの窓口を関連のマンション管理会社に委託するけれど
ど～も～
その場合デベロッパーは購入者と結ぶ売買契約にこの条項を追加しているの
本マンションのアフターサービス業務を○○管理会社に委託することを購入者は承諾する
マンション管理会社がアフターサービスを担当すると管理員がマンションに常駐・巡回しているので
♪
購入者は不具合を見つけたらすぐに管理員に補修を依頼でき
不具合
迅速で小回りのきくサービスを受けられるメリットがあるわ
でも管理会社は管理組合の管理業務とデベロッパーのアフターサービス業務の二足のわらじを履くようなものだから
アフターサービス
あう
あう
管理業務
アフターサービス業務で不手際があると管理業務にまで悪い印象を持たれることがあるから注意よ
確かにわらじを二足履いた管理員なんていたら印象良くないな
へんだ…
物のたとえだってーの

2 アフターサービス業務と管理業務は全く別の仕事

マンションの管理業務は、管理組合の会計や理事会活動の支援、共用部の清掃、建物・設備点検などを行うもので、管理組合は管理会社に業務委託費を支払っています。

一方、アフターサービス業務はデベロッパーが売主の責任として、購入者や管理組合から指摘のあった建物や設備の不具合を無償で補修するものです。デベロッパーは管理会社にアフターサービスの業務委託費を支払います。

ところで、管理会社は建設会社とは何の契約関係もないので、アフターサービス業務をデベロッパーから受託するときは、管理会社・デベロッパー・建設会社の3社で、①デベロッパーが持っている請負契約に基づく補修請求権を管理会社に委託する、②建設会社は管理会社の指示に誠意をもって従う、③無償補修の判断で見解が分かれたときはただちに3社で協議する、という内容の覚書を交換しておかなければなりません。管理会社がアフターサービス業務を円滑に行うためには、その権限を明確にしておく必要があります。

それから、アフターサービスは主に施工上の不具合を建設会社が無償で補修するものですが、例えば、2階のバルコニーへ泥棒が簡単に侵入できるので柵を新設する、鉄骨階段の歩行音が響くので塩ビシートを貼る、というような、当初の設計では予想できなかった事態が生じることがあります。そこで、ある程度の補修予算をデベロッパーから確保しておくことが望まれます。

マンションの管理業務とアフターサービス業務は全く別の仕事よ
マンションの管理業務
管理組合の会計
理事会活動の支援
共用部の清掃
建物・設備点検等を行い
管理組合は管理会社に
業務委託費を支払う
アフターサービス業務
デベロッパーが
売主の責任として
購入者や管理組合から
指摘された建物や設備の
不具合を無償補修する
デベロッパーは管理会社に
アフターサービスの
業務委託費を支払う
管理会社は建設会社とは何の契約関係もないからアフターサービス業務をデベロッパーから受託するときは管理会社 デベロッパー 建設会社の3社で覚書を交換するの
① デベロッパーが持っている請負契約に基づく補修請求権を管理会社に委託する
② 建設会社は管理会社の指示に誠意をもって従う
③ 無償補修の判断で見解が分かれたときはただちに3社で協議する
管理会社
建設会社
デベロッパー
覚書
管理会社が円滑にアフターサービス業務を行うためには権限を明確にしておかないとね
アフターサービスは当初の設計・仕様では予想できない事態が生じることもあるから
補修予算
ある程度の補修予算をデベロッパーから確保しておくことも望まれるわね
君の財布からは確保しないってば

3 管理会社はアフターサービ担当の組織を立ち上げるべき

管理会社がデベロッパーからアフターサービス業務を委託されたときは、アフターサービスセンターやアフターサービス室という組織を立ち上げて、そこで業務を行うべきです。

デベロッパーが分譲したマンションに不具合が生じたときに、それを補修するのがアフターサービスですから、管理組合から委託費を受け取っている管理担当のフロントがアフターサービス業務も兼務するというのは避けるべきです。

そして、マンションの施工に経験豊富な建築士や、機械、電気の専門家がアフターサービス室のスタッフになって業務をこなしていきます。特に、アフターサービスの担当者は建設会社の現場所長との連絡を密にしなければなりません。日頃から連絡を取り合い気心の知れた関係を築くことが大切です。管理会社とデベロッパー、建設会社で交換したアフターサービス実施の覚書があっても、それを実際に具体化していくのは管理会社の担当者と現場所長の信頼関係です。

それと、管理会社とデベロッパーとで月に1回程度は情報交換の会議を開くことが必要です。補修が完了した件数、補修中の件数、そして管理組合や購入者とトラブルになって解決が難しい案件などを管理会社が報告して、デベロッパーに協力を要請します。会議では、アフターサービス規準の範囲を超えてでも、「管理組合が要求している補修を行わないとデベロッパーの信用にひびがはいりますよ。それでもいいのですか」、くらいの強気な姿勢が、ときには管理会社に求められます。

アフターサービス業務を委託された管理会社はアフターサービス室など専門の組織を立ち上げてそこで業務を行うべきよ
アフターサービス室
アフターサービス室はマンションの施工に経験豊富な建築士や機械・電気の専門家をスタッフにして業務をこなしていくの
建築
電気
特にアフターサービス担当者は建設会社の現場所長と日頃から連絡を密にして気心の知れた関係を築くことが大切ね
どーもー
現場所長
どもども
管理会社とデベロッパー建設会社で交換したアフターサービス実施の覚書があっても
信頼
実際に具体化していくのは管理会社の担当者と現場所長の信頼関係よ
現場所長
それと管理会社とデベロッパーとで月に一回程度は会議を開き情報交換が必要ね
協力お願いします!
補修完了した件数補修中の件数そして管理組合や購入者との難しいトラブルなどを管理会社が報告しデベロッパーに協力を要請するの
会議ではアフターサービス規準の範囲を超えてでも強気な姿勢が求められることもときにはあるわ
管理組合が要求する補修を行わないとデベロッパーの信用にひびがはいりますよ!
いいよ!
よくない!

4 デベロッパーと系列の管理会社は一心同体と見られている

多くの会社では、アフターサービス業務はデベロッパーが行い、系列の管理会社が管理業務を行うというように、組織と業務を分離し、役割を明確化しています。

ところが、管理組合や購入者は、デベロッパーも管理会社も同じ資本系列なので一体とみなす傾向があります。例えば、屋上からの雨漏りで漏水箇所が特定できずに補修が長期化している場合に、管理組合が管理会社を呼びつけて早く補修を完了するようにと、管理会社に圧力をかけるときがあります。雨漏りも直せないデベロッパーの系列会社では、安心して管理を任せられないということです。

そして、管理会社としては、大事なスポンサーである管理組合の意向を無視することはできません。ご無理ごもっともということで、親会社のデベロッパーに早期の補修をお願いすることになります。よく、系列の管理会社では親会社のデベロッパーに管理組合からのクレームを伝えることはできないという話を聞きますが、実際にはそういうケースは稀のようです。デベロッパーの経営陣には、系列の管理会社を育成しようという経営方針があるはずですから、管理会社の頼みなら少しばかりの無理は呑み込もうという経営判断があるはずです。

管理会社としても、「親会社のアフターサービスが納得できない！」という理由で、管理委託契約を解約されてしまったら死活問題ですから、真剣になって管理組合をサポートします。

アフターサービス業務はデベロッパーが行い系列の管理会社が管理業務を行う感じで
デベロッパーです
多くの会社は組織と業務を分離して役割を明確化しているけど
管理会社です
同じでしょ?
ところが管理組合や購入者はデベロッパーも管理会社も同じ資本系列なので一体とみなす傾向があるの
例えば屋上からの雨漏りで漏水箇所が特定できず補修が長期化した場合
雨漏りも直せないデベロッパーの系列会社では安心して管理を任せられない!
そう思った管理組合が管理会社を呼びつけて早く補修完了するよう圧力をかけたりね
はやくしてっ!
管理会社としては大事なスポンサーの管理組合の意向は無視できないし
もし管理委託契約を解約されたら死活問題だから管理組合を真剣にサポートするわ
早く補修お願いします…
うう…
ご無理ごもっともでも親会社のデベロッパーに早期の補修をお願いするの
デベロッパー経営陣も系列の管理会社を育成する経営方針があるはずだから
管理会社の頼みなら少しばかりの無理は呑み込む経営判断があるはずよ
無理
少しばかりって言ったでしょ!
もがが、
無理

5

管理会社もアフターサービスに目配りする

アフターサービスは表裏一体ともいえるので、管理会社としてもアフターサービス規準を念頭におきながら点検や目視を行っていく必要があります。

そして、管理組合から建物の補修方法などについて相談があったときは、日頃の外観目視や点検から把握しているマンションの現状をよく説明し、アフターサービス規準に基づいて適切なアドバイスをするべきでしょう。アフターサービスはデベロッパーの仕事だから管理会社は関係ないという態度は、立て前では正しいけれど、建物や設備を適切に維持・保全していくという視点でみると、管理組合の信用を勝ち取ることは難しいといえます。

デベロッパーからアフターサービス業務の委託を受けていなくても、管理会社の仕事として、建物や設備の管理業務があります。

国土交通省が管理委託契約の指針として公表している標準管理委託契約書の中の、別表第4建物・設備管理業務を見てみると、例えば、屋上の外観目視では、管理会社がコンクリートのひび割れや欠損、防水層の破断、接合部剥離《はくり》、排水状況などを点検することとしています。

点検結果は管理組合に報告されるので、仮に2年以内に屋上の防水層に破断や接合部剥離が生じていたらアフターサービスの対象になります。管理組合としては管理会社の点検報告書をもとにしてデベロッパーに補修を要求していきます。

このように、管理会社が行う建物点検の結果と

でもアフターサービスは
デベロッパーの仕事で
管理会社は関係ないって
言ってもいい気がする…
ぼそっ
う〜ん
それなんだけどね
アフターサービス業務の
委託を受けていなくても
管理会社の仕事としては
建物や設備の管理業務が
あるでしょ？
管理会社が行う
建物点検の
点検報告書をもとにして
管理組合は
デベロッパーに
補修を要求するから
建物点検の結果と
アフターサービスは
表裏一体といえるわ
だから点検や目視は
アフターサービス規準を
念頭におくことが必要よ
アフターサービス
建物点検
管理組合から
建物の補修方法などの
相談があれば
日頃の外観目視や
点検から把握した
マンションの現状を
よく説明して
アフターサービス規準に
基づいて適切に
アドバイスするべきね
アフターサービス規準
アフターサービスは
デベロッパーの仕事で
管理会社は関係ないという
態度は立て前では正しいけど
建物や設備を適切に維持
保全していく視点からみれば
それじゃ管理組合の信用は
勝ち取れないわね
ですよねー
変わり身早いな

第5章　購入者が活用するアフターサービス

1 マンションの購入者を守る法律がある

購入したマンションに瑕疵《かし》があると、購入者は瑕疵を発見したときから1年以内に損害賠償や契約の解除を行うことができます。これを瑕疵担保責任といいます。

瑕疵とは「売買契約で定めた内容に反すること」、あるいは「マンションとして通常もっていなければならない品質・状態が欠けていること」をいいます。

この民法の瑕疵規定には強制力がない（強行規定ではない）ので、売主・買主間で自由に内容を変更することができ、例えば、損害賠償などの責任を一切負わないという契約も有効です。しかし、これでは安心してマンションを購入できないので、宅地建物取引業法では、マンションの引渡しから2年以上の期間は瑕疵担保責任を負うことをデベロッパーに義務づけています。

そして、住宅品質確保法では、柱や梁、床などの構造耐力上主要な部分と、屋上の防水層や外壁などの雨水の浸入を防止する部分に瑕疵が生じた場合は、デベロッパーが10年間にわたり補修や損害賠償の責任を負うように強行規定で定めています。

さらに、住宅瑕疵担保履行法では、デベロッパーが住宅品質確保法の責任を果たせるように、保険に加入するか現金などを供託することを義務づけました。

また、消費者契約法では、消費者（購入者）の利益を一方的に害する契約は無効になると規定しています。

アフターサービスって怒られるし難しいしもうやだ～
マンション購入者の権利なんだから法律からちゃんと学んでちょうだい
民法の瑕疵規定は強制力がないから損害賠償を負わない契約でも有効になるわ
損害賠償
契約
けれどもそれじゃ安心してマンションを買えないから購入者を守る法律があるの
購入者がマンションの瑕疵を発見したときから1年以内に損害賠償や契約解除できる瑕疵担保責任のほかデベロッパーにはいろんな義務や規定が課せられているわ
宅地建物取引業法
マンションの引渡しから2年以上の期間は瑕疵担保責任を負う義務
住宅品質確保法
柱・梁・床などの構造耐力上主要な部分と雨水浸入の防止の部分に瑕疵が生じた場合10年間補修や損害賠償責任を負う強行規定
住宅瑕疵担保履行法
保険加入か現金などの供託義務
消費者契約法
購入者の利益を一方的に害する契約は無効となる規定
あの…これ…なんて読むんです？
瑕疵
「かし」よ
売買契約で定めた内容に反してたり通常あるべき品質や状態が欠けていることね
お瑕疵いことって覚えよう
なるほど
普通に覚えなさいっ

2

使いやすいアフターサービス制度

例えば、コンクリートに生じた亀裂が、民法で定める瑕疵に該当するのかについては、購入者とデベロッパーとで判断が異なる場合も多く、最終的には裁判で決着をつけることになります。

これでは現実に発生している不具合を早急に解決することができないので、マンション業界では昭和52年にアフターサービス制度を創設しました。

この制度は、雨漏りやコンクリートの亀裂、電気設備の取付不良、クロスのはがれなど一定の不具合現象をあらかじめ定めておいて、一定の期間内にこの不具合現象が生じたときは、無償で補修するというものです。

アフターサービスは、デベロッパーと購入者が結ぶ売買契約の条項で定めているので、デベロッパーの契約責任です。瑕疵に該当しない場合でも無償補修はしますが、民法の瑕疵担保責任のように損害賠償や契約の解除の責任は負いません。

購入者は、マンションにアフターサービス規準で規定された不具合が生じたときは、適用期間内に補修を依頼すれば、デベロッパーが無償で補修します。

そして、損害賠償や契約の解除は、民法や住宅品質確保法の規定に従って要求することになります。ですから、アフターサービス制度と民法や住宅品質確保法は同時に成立しています。

けれども、実際には、電話一本で補修に対応するアフターサービスが最も使いやすく、マンションの品質はアフターサービス制度で維持されているといえます。

瑕疵が民法で定める瑕疵に該当するかどうかは購入者とデベロッパーとで判断が異なる場合も多くて最終的には裁判になるわ
裁判
どーん
アフターサービス制度
でもそれだと不具合を早急に解決できないからマンション業界では昭和52年にアフターサービス制度を創設したのよ
あらかじめ一定の不具合現象と適用期間を定めておいて期間内に不具合が生じたら購入者はデベロッパーに無償補修を依頼するの
雨漏りや
コンクリートの亀裂
電気設備の取付不良
クロスのはがれなど
アフターサービスはデベロッパーと購入者が結ぶ売買契約条項で決めたデベロッパーの契約責任よ
売買契約
無償補修
損害賠償
契約解除
瑕疵に該当しない場合も無償補修はするけど損害賠償や契約の解除の責任までは負わないわ
損害賠償や契約の解除は民法や住宅品質確保法の規定に従っての要求になるから
住宅品質確保法
民法
アフターサービス制度
この3つは同時に成立してるけど
でも電話一本で補修対応するアフターサービスが最も使いやすいから
実際にマンションの品質維持をしているのはアフターサービス制度ね
ラーメンがまだ来ないって電話が…
それただの間違い電話

3 定期アフターサービスはどのような制度か？

購入者への定期アフターサービスの回数は2年間に3回で、全住戸一斉に行われます。デベロッパーがアンケート用紙を配布するので、購入者はクロスがはがれてきたとか、扉が変形してきたというような不具合を記入します。パンフレットを複写した図面も添付されているので位置も記入します。

そうすると、デベロッパーが建設会社の担当者を同行させて各住戸を巡回し、購入者と一緒になって指摘された不具合を点検し、アフターサービス規準に適合するときは無償補修をします。

実施時期は、マンションの住戸を最初に引き渡した月を基準にして3カ月後（引渡しの状況によっては6カ月後）、1年後、2年後がめどです。

定期アフターサービスの主な役割としては、①3カ月目点検では、入居してから気づいた不具合や内覧会でのチェック漏れの施工ミスをまとめて補修する、②1年目点検は、湿気や乾燥、温度差などの四季の変化で発生した扉やふすまなどの建具の伸縮を補修する、③2年目点検は、壁や天井、バルコニーのコンクリートのひび割れを点検し補修するということなどです。

購入者は日頃気がついたことをメモにしておいて、定期アフターサービスのときにアンケート用紙に記入し、デベロッパーの担当者が点検のために来訪したときに、不具合を指摘して補修を受けたり、住宅機器類の使用方法などの疑問点を確認したりします。

2年間に3回全住戸一斉に行うのが定期アフターサービス
アンケートです～
デベロッパーは購入者にパンフレットを複写した図面とアンケート用紙を配布して
購入者は日頃気がついた不具合を用紙と添付図面に記入するわ
えーと…
アンケート
実施時期はマンションの住戸を最初に引き渡した月を基準にして3カ月後（状況によっては6カ月後）1年後・2年後がメドよ
定期アフターサービスの主な役割
① 3カ月目点検では入居後に気づいた不具合や内覧会でのチェック漏れの施工ミスをまとめて補修
② 1年目点検は湿気や乾燥温度差などの四季の変化で発生した扉やふすまなどの建具の伸縮の補修
③ 2年目点検は壁や天井バルコニーのコンクリートのひび割れを点検し補修
アンケートをもとにデベロッパーが建設会社の担当者と各住戸を巡回
購入者も一緒に点検して不具合の補修を受けたり住宅機器類の使用方法の疑問点を確認したり
ペロ
お茶を飲んだりお菓子を食べたり
さぼる気満々か！

4 随時アフターサービスはどのような制度か？

マンションで生活をしていると、屋上からの漏水や給排水管の水漏れ、給湯器の故障で温水が出ないなどの日常生活に支障のある不具合が突然に生じる場合があります。そのようなときに、購入者やその家族の方からデベロッパーに電話などで連絡をすると、アフターサービス担当者が現地に出張して、不具合の状況、原因、補修方法などを調査し、アフターサービス規準に従って無償で補修をします。

随時アフターサービスの手順をみると、①デベロッパーの担当者が購入者から不具合の連絡を受けると現地出張をして不具合の状況を判断する、②デベロッパーから建設会社に不具合を補修するよう指示をする、③建設会社や下請会社の技術者や職人が補修を行う、④購入者が補修を確認する、という流れになります。雨漏り、給排水管の漏水、受水槽のポンプの故障などは、緊急を要するのでデベロッパーとしては即日現地調査が原則です。扉のきしみや反り、フローリング床の浮きやはがれなどは、デベロッパーは連絡を受けた日から3日以内に現地を調査して補修方法を説明し、通常の不具合のときは2週間くらいで補修を完了することがひとつのめどになります。

屋上や外壁からの漏水の場合は、原因の調査から始めるので補修に数カ月かかることもあります。そして、購入者のクレーム内容から、ただちに補修の必要があると判断したときは、現地調査を省略して、マンションを建設した建設会社へ直接、補修に向かうよう指示をするときもあります。

突然起こる不具合に対応する随時アフターサービスはこんな流れで行われるの
① デベロッパーの担当者が購入者から不具合の連絡を受けると現地出張して不具合の状況を判断する
← ② デベロッパーから建設会社に不具合補修の指示をする
← ③ 建設会社や下請会社の技術者や職人が補修を行う
← ④ 購入者が補修を確認する
雨漏り・給排水管の漏水受水槽のポンプの故障などは緊急を要するので
即日!
高架水槽
受水槽
ポンプ
水道
デベロッパーは即日現地調査が原則よ
扉のきしみや反りフローリング床の浮きやはがれなどは
ギギ
ギギギ
ポコ
連絡から3日以内に現地調査・補修方法の説明し通常なら2週間ほどで補修完了
屋上や外壁からの漏水は原因調査から始めるから補修に数カ月かかることも…
ポタ
ポタ
でもすぐに補修が必要だと判断したときは現地調査を省略して建設会社に直接補修を指示することもあるわ
とりあえず漏水箇所にバケツを配置!
それ補修じゃない

5 壁と天井、柱などのクロス

各住戸（専有部分）の点検方法には、玄関やリビングルーム、洋室、和室等と部屋ごとに順を追って見ていく方法と、クロスやフローリング、システムキッチンのように仕上げ材や住宅機器ごとに見ていく方法があります。一長一短ですが、ここでは仕上げ材のような部材ごとに見ていきます。

最初にクロスから見ていきましょう。マンションの壁と天井はクロスで仕上げられています。クロスといっても布製を使うのは特殊な場合で、ほとんどはビニール製です。ビニールクロス（略してクロス）の幅は92㎝ですが、両端をカットして幅90㎝くらいにして、縦に張ります。接着剤はでん粉糊を使います。例えば、幅が5ｍの壁ならクロスに6枚以上の縦の継ぎ目（ジョイント）があります。壁の上部の天井にも同じようにジョイントがあります。

このジョイントに、はがれや浮きがないかを目視します。それと、天井と壁や、壁と柱、窓枠や扉枠の周囲にもはがれやよじれ、破れがないかを目視します。

目視というのは、「見る目、嗅《か》ぐ鼻」ということで、全体を見つめながら、どこかの部分に変色や変形がないかを鋭く、そして厳しく、探し出す作業です。

ところで、クロスは時の経過とともにジョイントから変色をしていきます。耐用年数は7年から8年程度なので消耗品ともいえ、適当な時期に張り替えることになります。

クロスのアフターサービス期間は2年です。

実際にマンションの室内点検をしてみましょう
まずは壁と天井のクロスからね
クロスって布じゃないんですね
つんつん
そうね特殊な場合以外はほとんどビニールよ
クロスの幅は92cmだけど両端カットで幅90cmにしてでん粉糊で縦に張っていくの
ジョイント
壁に何枚か張ったその継ぎ目のことをジョイントっていうんだけど
このジョイントに天井・壁・柱窓や扉枠の周囲も含めてはがれやよじれ浮きや破れがないかを目視するの
ういてる
目視は「見る目嗅ぐ鼻」
全体を見つめ変色や変形の有無を鋭く厳しく探し出す作業よ
クロスは経年劣化でジョイントから変色するので適当な時期に張り替えるわ
耐用年数7〜8年
クロスのアフターサービス期間は2年よ
変色してるかわからない…
君の顔はしてるね

6 下地の影響によるクロスの浮きやよじれ

コンクリート下地に直接クロスを張るときは、でん粉糊《のり》に合成樹脂系の糊を混入して接着強度を高めます。ところが、下地材のコンクリートやモルタルが乾燥収縮して亀裂が生じると、仕上げ材のクロスもそれに追従して亀裂してしまいます。この補修にはクロスをはがして、コンクリートの亀裂部分に樹脂モルタルを充てんのうえ、表面を平坦にするなどの処理をしてから、クロスを張り替えます。

それと、下地材がプラスターボード（Pボード・石膏ボード）の場合は、Pボードの表面が紙なのでクロスの裏打紙との相性がよく綺麗に仕上げることができます。けれども、PボードとPボードの継ぎ目に隙間があるとクロスが浮いたりよじれたりします。このときは、Pボードの隙間にパテを塗り込んで下地調整をしてからクロスを張り替えます。それと、Pボードにたわみ、破損があると、仕上げ材のクロスもよじれたり破れたりします。

クロスが、でん粉糊の劣化や湿気、乾燥などの影響ではがれたりふくらむ場合もありますが、クロス職人の技量が未熟なためにクロスがはがれたりするときもあります。

一方、クロスは入念に張られていても、コンクリート下地の亀裂やPボードの取付不良の影響でよじれたり破れたりするので、下地材の状態についてもよく注意することが必要です。

コンクリート下地の亀裂やPボードの取付不良のアフターサービス期間は2年です。

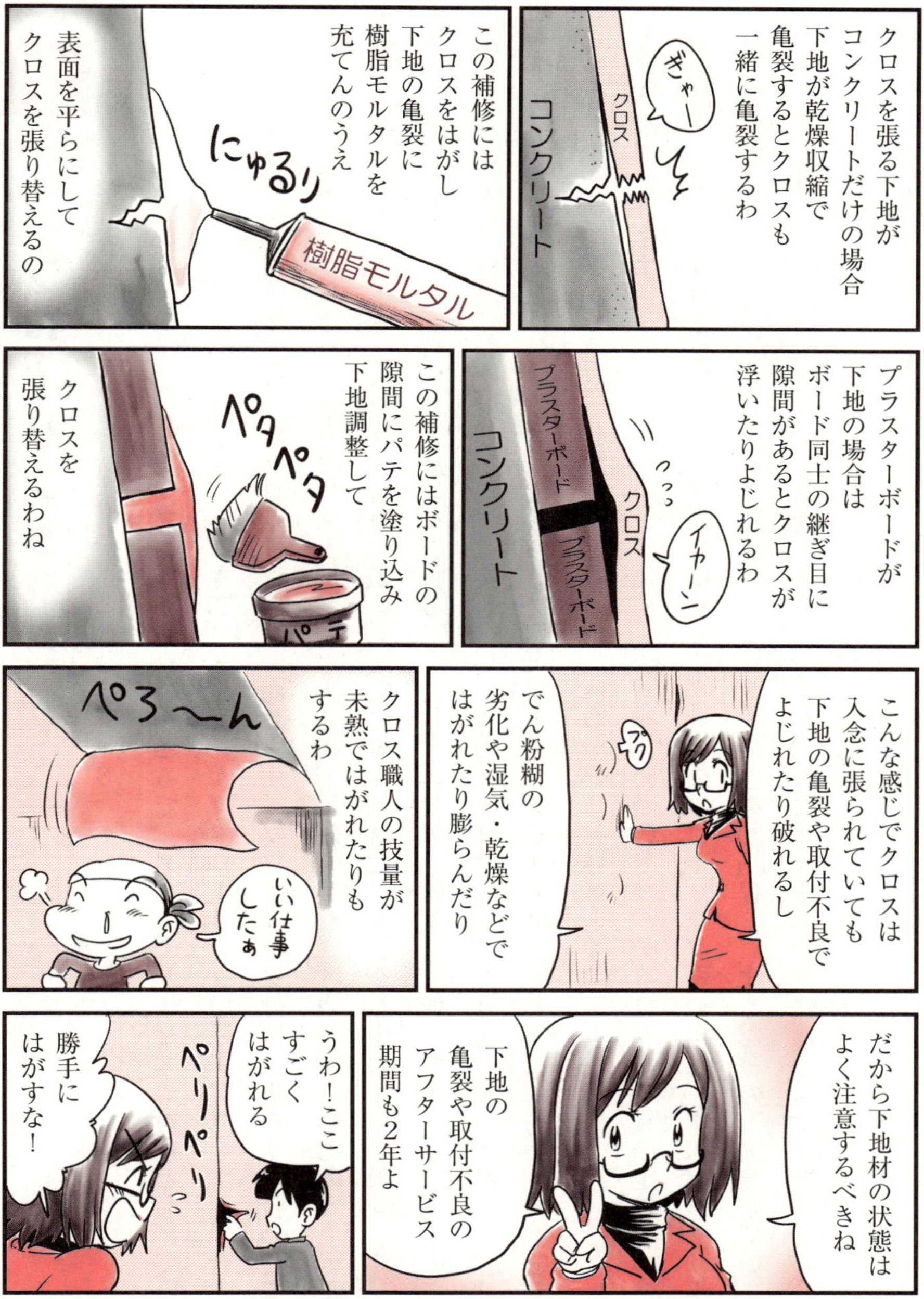
クロスを張る下地がコンクリートだけの場合下地が乾燥収縮で亀裂するとクロスも一緒に亀裂するわ
ぎゃー
クロス
コンクリート
この補修にはクロスをはがし下地の亀裂に樹脂モルタルを充てんのうえ
にゅるり
樹脂モルタル
表面を平らにしてクロスを張り替えるの
プラスターボードが下地の場合はボード同士の継ぎ目に隙間があるとクロスが浮いたりよじれるわ
イヤーン
クロス
プラスターボード
プラスターボード
コンクリート
この補修にはボードの隙間にパテを塗り込み下地調整して
ペタペタ
パテ
クロスを張り替えるわね
こんな感じでクロスは入念に張られていても下地の亀裂や取付不良でよじれたり破れるし
プク
でん粉糊の劣化や湿気・乾燥などではがれたり膨らんだり
クロス職人の技量が未熟ではがれたりもするわ
ぺろ～ん
いい仕事したぁ
だから下地材の状態はよく注意するべきね
下地の亀裂や取付不良のアフターサービス期間も2年よ
うわ！ここすごくはがれる
ペリペリ
勝手にはがすな！

7

フローリング

マンションのリビングや居室の床は、フローリング（板張り）、カーペット（ジュータン敷き）、畳で仕上げられていますが、最近はフローリングが普及しています。フローリングもクロスと同じように、床のコンクリート（スラブ）に直《じか》に張る工法と、二重床を組んでからフローリングを張る工法があります。フローリングは、下地材に接着剤を塗り、ゴム製の大きな金槌のようなものでフローリングを叩いて微調整をし、目地を通しながら張り込んでいきます。

床が浮くのは、下地材とフローリングとの接着が不十分ではがれていることが原因となります。へこみは下地材の不陸《ふろく》（凸凹《デコボコ》）が主な原因です。

フローリングの浮き、へこみ、はがれのアフターサービス期間は2年です。

ところで、アフターサービスの対象となっていませんが、フローリングでは床鳴りをする場合があります。フローリングは板と板を組み合わせてあるので、継ぎ目がこすれて音が生じることが原因です。木材は日々、空気中の湿気を吸って伸びたり、エアコンの暖房で乾いて縮んだりするので多少の床鳴りは致し方ありません。けれども程度問題で、あまり床鳴りが大きいようなら調整をデベロッパーに依頼します。

遮音については、デベロッパーも一定以上の遮音性能のフローリングを使用し、床のコンクリートも厚さを20㎝程度にするなどの工夫をしていますが、音に対する感じ方には個人差があります。

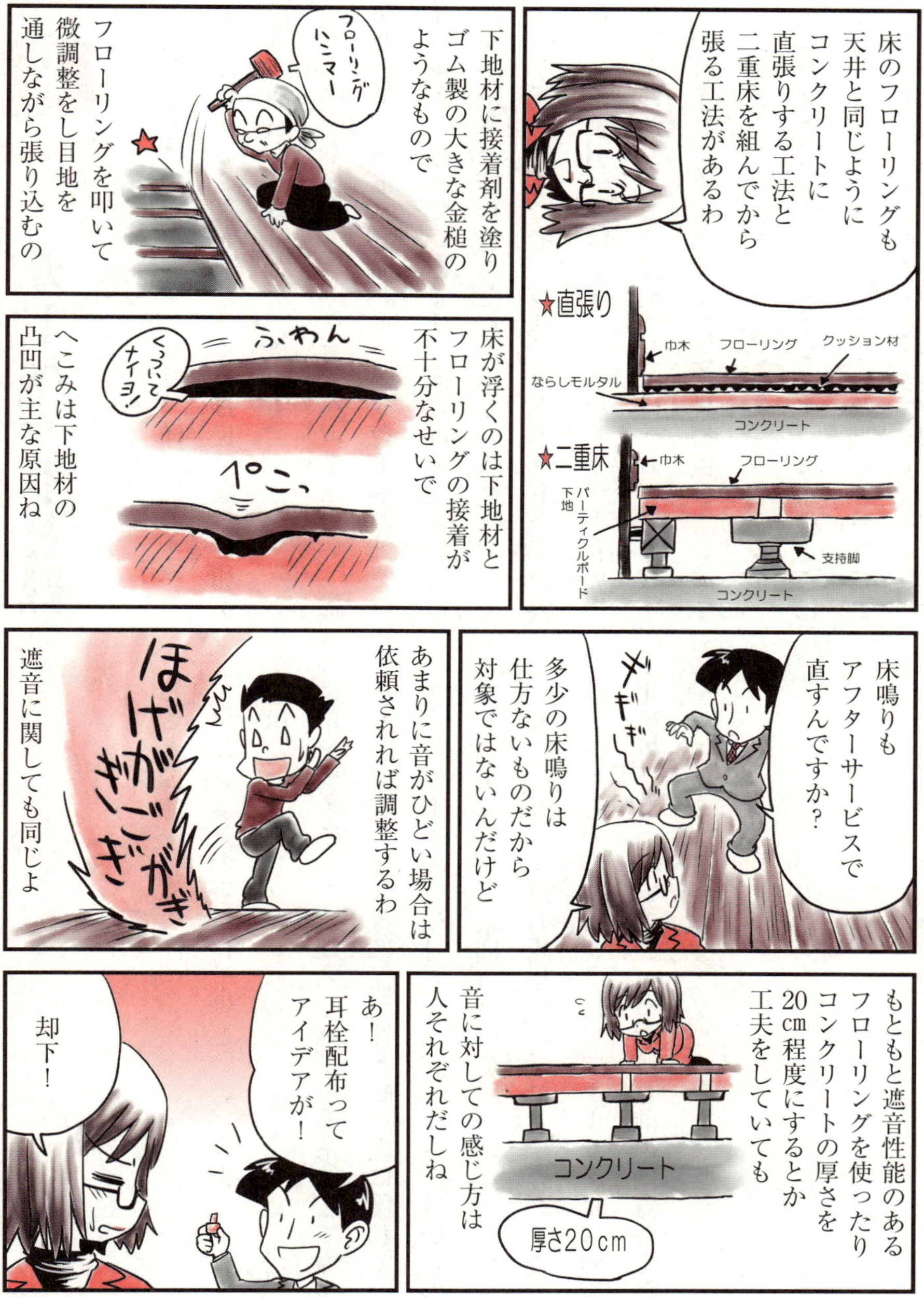
床のフローリングも
天井と同じように
コンクリートに
直張りする工法と
二重床を組んでから
張る工法があるわ
★直張り
巾木
フローリング
クッション材
ならしモルタル
コンクリート
★二重床
巾木
フローリング
下地
パーティクルボード
支持脚
コンクリート
下地材に接着剤を塗り
ゴム製の大きな金槌の
ようなもので
フローリングハンマー
フローリングを叩いて
微調整をし目地を
通しながら張り込むの
床が浮くのは下地材と
フローリングの接着が
不十分なせいで
ふわん
くっついてナイヨ！
ペこっ
へこみは下地材の
凸凹が主な原因ね
床鳴りも
アフターサービスで
直すんですか？
ギギギ
多少の床鳴りは
仕方ないものだから
対象ではないんだけど
あまりに音がひどい場合は
依頼されれば調整するわ
ほげがぎごがぎぎ
遮音に関しても同じよ
もともと遮音性能のある
フローリングを使ったり
コンクリートの厚さを
20cm程度にするとか
工夫をしていても
音に対しての感じ方は
人それぞれだしね
コンクリート
厚さ20cm
あ！
耳栓配布って
アイデアが！
却下！

8

カーペットと畳

高級仕上げのマンションでは、洋室にカーペットが使われることがあり、4LDKになると和室に畳の部屋もみることができます。

カーペットはタフテッドカーペットといい、織り方は厚い基布にニードルという数千本の針でパイルを差し込んでいきます。床に固定する仕方は、表面に逆さに打ち込んだ釘が出ているグリッパーという板を下地に打ちつけ、カーペットを表面の逆さの釘に引っかけます。この引っかけが甘いと四隅がゆるんだり、浮いたり、はがれたりします。

それから、カーペットは遮音性に優れていますが、気になるのは使用当初に遊び毛が抜けたり、ダニが発生しやすいことです。ダニは家中どこにでもいるので、こまめに電気掃除機をかけることと、天気のいい日に窓を開放して風通しをよくすることです。

マンションの畳は化学畳といい、畳床は稲わらではなく、ポリスチレンフォームです。畳表は、い草を横糸にして、綿糸や麻糸を縦糸にして織ったものです。化学畳は保温性と断熱性に優れています。カーペットや畳の浮き、へこみ、はがれのアフターサービス期間は2年です。

ところで、住戸引渡し後のフローリング、カーペット、畳の傷や日焼けはアフターサービスの適用除外となっているので、引渡し前の内覧会で傷や日焼けをよく点検する必要があります。

マンションのカーペットは厚い基布にニードルという数千本の針でパイルを差し込んで織ったタフテッドカーペットよ
パイル糸
床への固定はグリッパーという表面に逆さ釘の出た板を下地に打ちつけカーペットはその釘に引っ掛けるの
グリッパー
下地
引っ掛けが甘いと四隅にゆるみ・浮きはがれが出るわ
カーペットは遮音性に優れるけど遊び毛が抜けたりダニが発生しやすいから
ズ
こまめな掃除機がけや換気が大事ね
マンションの畳は化学畳でポリスチレンフォームよ保温性と断熱性に優れているわ
畳表はい草を横糸に綿糸や麻糸を縦糸にして織ったものよ
ポリスチレンフォーム
カーペットや畳の浮き・へこみ・はがれのアフターサービス期間は2年だけど
住戸引渡し後の傷や日焼けは適用除外だから内覧会の点検が大事ね
キズ
傷は見逃さないぞおぉ
その顔こわいからやめて

9 玄関ドアと窓

壁と天井のクロス、床のフローリングと点検してきたので、次は建具を見ていきましょう。

玄関ドアは、スチールドアが一般的です。そして、玄関ドアの所有関係をみると、枠やドア本体は共用部分となっています。ドアの外側表面も共用部分なので、塗装を塗り替えたり看板を掲げることは禁止です。ところが、鍵と内側の塗装は専有部分なので、内側の塗装を明るい色に塗り替えたり鍵を交換することはできます。同じように、窓枠や窓ガラスも共用部分なので、窓ガラスにポスターを貼り付けることは禁止ですけれど、購入者が専用使用しているので窓ガラスが割れた場合は購入者が修理費を負担します。

玄関ドアがスムーズに開閉しない場合は、ドアクローザーを調整したり、蝶番《ちょうつがい》の変形やネジの取付状態を点検します。それから枠とドアの隙間が均等かを調べてみます。

窓の開閉が円滑にいかない原因では、戸車にゴミが挟まっていることや、レールが汚れていることがあるので清掃します。網戸は無理な力を入れると変形しやすいので取扱いには注意し、作動が円滑にいかないときは枠を調整します。なお、網戸の網の破れはアフターサービスの適用除外です。

雨水が玄関ドアの隙間や窓枠から浸入したときのアフターサービス期間は10年です。そして、玄関ドアや窓の変形や破損、作動不良、塗装のはがれのアフターサービス期間は2年です。

窓の戸車やレールは消耗品なので、摩耗してもアフターサービスの適用除外です。

次は建具を見ていくわね
玄関ドアは一般的にスチールドアよ
ドアがスムーズに開閉しない場合はドアクローザーの調整や
ドアクローザー
蝶番
蝶番の変形やネジの状態枠とドアの隙間が均等かなどを点検するわ
ドア枠と本体・外側表面は共用だから塗装や看板は禁止
ダメ
○×事務所
でも鍵と内側は専有部分なので換えるのは可能よ
窓の開閉の問題は戸車のゴミやレールの汚れが原因のことがあるから清掃する
あ
網戸の場合は枠を調整変形しやすいから注意ね
窓枠や窓ガラスも共用でポスターなど貼るのは禁止
アカンで
でも窓ガラスは専用使用だから割れたら修繕費は購入者負担なの
アフターサービス期間はドア・窓の隙間からの雨水浸入は10年変形や破損・作動不良塗装のはがれは2年
窓の戸車やレールの摩耗網戸の破れは適用除外よ
さっき先輩に窓で挟まれた僕の手は？
適用除外よ

10 室内の扉と襖

木製扉（ウッドドア）は内部扉で、洋室やトイレの扉として使用されています。空気の乾燥や湿気を受けて伸縮し、三方枠や扉が変形したり作動不良となる場合があります。また、扉の表面に木目調の塩ビシートを貼っている製品では、木材の湿気などによる伸縮で、シートがはがれてくることがあります。

木の性質として、水分を吸収すると膨張し、乾燥すると収縮します。空気中の水分の量は、季節の変化や、昼夜の温度変化、調理や浴室の使用で刻々と変化しているので、木の寸法も常に変化しています。それに、木には年輪や芯、枝のつけ根だった節があり、それぞれの収縮率が大きく異なるので狂いが生じます。このような木の不揃いな伸縮が扉や枠のゆがみの原因となります。

次に、襖《ふすま》を見てみると、押入れの布団《ふとん》の湿気などで反ることがあります。表と裏を反対にして、隙間に新聞紙などを挟さんでおくと、1週間くらいで反りが元に戻ります。障子《しょうじ》は杉や桧《ひのき》が骨組みなので乾燥や湿気で伸縮しやすく、開閉がスムーズにいかないときがあります。

室内の扉や襖、障子のきしみや反り、ねじれ、そして破損や作動不良、取付不良のアフターサービス期間は2年です。

けれども、襖紙の破れはアフターサービスの適用除外ですから、内覧会の時に裏側も含めてよく点検するようにします。同じように障子紙の破れもアフターサービスの適用除外です。

内部扉の木製ドアは木の性質で色々と問題が起こるわ
三方枠や扉の変形
作動不良
木目のシートを貼った製品は湿気ではがれたり…
木は水分吸収で膨張し乾燥すると収縮する性質だから
水分
水分
季節や昼夜の温度変化と調理や浴室の使用で空気中の水蒸気量が変化して寸法が常に変わるの
年輪や芯・節ごとに収縮率が違うから扉や枠のゆがみの原因になるわ
襖は押入れの布団の湿気で反ることがあるわ
ぼよょん
これは表と裏を反対にして隙間に新聞紙などを挟んでおけば一週間ほどで元に戻るの
ぬぐぐ
障子は杉や桧が骨組みだから乾燥や湿気で伸縮しやすくて開閉がしにくいときもあるわね
室内の扉や襖・障子の破損きしみや反り・ねじれ作動や取付不良のアフターサービス期間は2年だけど
襖や障子の紙の破れは適用除外だから内覧会で裏側もよく点検しないとね
裏側…
そうじゃないっ!

11

システムキッチン

マンションの厨房設備はほとんどがシステムキッチンです。これは、工場で生産した流し台（シンク）、ガス台（コンロ）、引き出し（フロアーキャビネット・ワゴン）、吊り戸棚《つとだな》（ウォールキャビネット）などを機能的に組み合わせて、連結具で固定したものです。ガス台の上部には調理時に出る湯気や油煙《ゆえん》、においを排出するレンジフードをセットします。給水管、排水管は、設備工事で立ち上げた配管に、メーカーやその専門代理店がシステムキッチン機器の配管を接合します。設備配管と機器配管が完全に装着していないのに接合部分のナットを無理に締め上げ、ガスケット（接合部分の水漏れ防止のゴムパッキング）を変形させてしまうと、水漏れの原因となります。

それから、棚の扉や引き出しの開閉具合などを点検します。棚に重量物を詰めこむと棚板が下がってきたり、扉の蝶番《ちょうつがい》がゆがんできたりするので、あまり重たい物を詰めこまないようにします。

ガスコンロの点火が不安定な場合は、ガスバーナーが汚れて詰まっている場合が多いので、シチューなどを吹きこぼしたときは取りはずして清掃します。それと、水栓がきちんと閉まらないでポタポタと水滴が落ちるときは、小さなゴミが蛇口の内部に詰まっているケースがほとんどですから、デベロッパーに連絡して蛇口を分解してゴミを取り除いてもらえば通常の機能に戻ります。

システムキッチンの漏水や作動不良、取付不良のアフターサービス期間は2年です。設備工事で施工した給水管や排水管からの漏水は5年となっているので、住宅機器の漏水とは区分します。

マンションの厨房設備はシステムキッチンが多いの
レンジフード
ガス台の上部には湯気や油煙・においを排出するレンジフードをセットするわ
給水管・排水管は設備工事で立ち上げた配管にメーカーや代理店が機器の配管を接合するけど
その接合部分のナットを無理に締め上げるとガスケットが変形して水漏れの原因になるの
わん型トラップ
給湯管
ガス管
給水管
排水管
棚は棚板が下がったり扉の蝶番がゆがまないようにあまり重い物を詰めない
＊10Kg
おい
ガスコンロの点火が不安定な場合はガスバーナーの汚れ詰まりが多いので取り外して掃除
水栓がきちんと閉まらず水滴が落ちる場合蛇口内部のゴミ詰まりがほとんどだから分解して掃除すれば直るわ
ぽた
ぽた
システムキッチンの漏水や作動・取付不良のアフターサービス期間は2年だけど
設備工事で施工した給水管排水管の漏水は5年だから住宅機器の漏水とは区別するのよ
あの…僕が漏水しそうなのでトイレ行っていいですか？
さっさと行きなさい！

12

浴室

浴室ユニットは、各住戸の現場で浴槽、床、壁パネル、天井、扉そして換気扇を組み立てるノックダウン方式が一般的です。給水管、給湯管、追焚管、排水管は浴室ユニットを組み立ててから接合します。

設備には、鏡、カウンター、シャワー付き混合水栓、照明器具、換気扇はもちろん、フルオートリモコン、暖房用乾燥機、ミストサウナなど盛り沢山の浴室もあります。

最近の浴室はバリアフリーになっているので排水管の勾配がゆるやかになり、浴槽のお湯の排水に時間がかかります。それから、暖房用乾燥機のランドリーパイプの耐荷重は10kg程度なので、パイプを強く引っ張ったりぶら下がったりすると破損することがあります。浴室では、床のきしみ、扉枠のゆがみ、壁パネルと浴槽が接する部分のシール打ちなどを点検します。最近のシャワーヘッドは大型化して色々な機能がついていますが、水切りが悪くなりがちです。

通常の浴槽はユニットバスで、FRPや人造大理石を一体成形しているので漏水事故は極めて稀です。特殊な例としては、等価交換などで土地所有者の要望によりコンクリートとモルタル、防水層でオーダーメイドの浴槽や浴室を作るときがあります。

オーダーメイド防水床のアフターサービス期間は10年です。ユニットバスの漏水のアフターサービス期間は5年です。シャワーなどの破損、作動不良、取付不良は2年です。

浴槽ユニットは現場の各住戸で浴槽・床・天井・扉壁パネル・換気扇を組み立てるノックダウン方式が一般的
排気ダクト
換気扇
シャワー水栓
バス水栓
給水管
給湯管
ユニットバス
排水管
給水管・給湯管追焚管・排水管は浴槽ユニットを組み立ててから接合するわ
浴室で点検するのは床のきしみや扉枠のゆがみ・壁パネルと浴槽が接する部分のシール打ちなど
ゆがみ
シール打ち
きしみ
最近の浴室はバリアフリーで排水管の勾配がゆるやかなので排水に時間がかかるの
遅
暖房乾燥機のランドリーパイプの耐荷重は10kg程度
なのでパイプを強く引っ張ったりぶら下がると破損することがあるわ
わ～い
浴槽はオーダーメイドもあるけれど通常はユニットバスでFRPや人造大理石を一体成形しているので漏水事故は極めて稀よ
つなぎ目無し！
アフターサービス期間はユニットバスの漏水が5年でオーダーメイドは10年
シャワーなどの破損・作動不良・取付不良は2年よ
なるほど～
なに入ってんのよ

13 洗面化粧台、防水パン、便器

洗面化粧台もシステムキッチンのように床に設置してから給水管、給湯管、排水管、電気配線を結合します。通常はメーカーの専門代理店が取付工事を行います。洗面化粧台の下段のスペースにはS字型の排水トラップを取り付けてあるので、無理に小物を詰めこむと配管が動き漏水の原因となる場合があるので注意が必要です。棚の扉や引き出しの開閉具合などを点検します。

また、洗面化粧台の棚に重量物を詰めこむと棚板が下がってきたり、扉の蝶番《ちょうつがい》がゆがんできたりします。

防水パンに洗濯機、さらにその上に乾燥機を設置すると、位置や重量によっては防水パンに亀裂が生ずる場合があるので注意が必要です。

陶器《とうき》製のトイレは堅牢《けんろう》にできているので通常の使用では破損はしません。トイレの便座がグラグラしているのは、便座のゴムパッキングが変形しているか、固定ネジがゆるんでいるので補修を依頼します。なお、トイレに異物を流し込んで詰まってしまってもアフターサービスの適用除外です。

洗面化粧台や防水パン、便器の漏水、排水不良、破損、作動不良、取付不良のアフターサービス期間は2年です。

なお、洗濯機の給水管と水栓の接続、排水管と防水パンの排水口との接続は、購入者か電気販売店が行うので、接続部分から漏水してもデベロッパーによるアフターサービスの適用除外です。

洗面化粧台はシステムキッチンと
同じように床に設置してから
給水管・給湯管・排水管
電気配線を結合するの
鏡
排水管
シンク
S字トラップ
給湯管
給水管
ぎゅう
下段スペースには
無理に小物を
詰めるとS字型の
排水トラップの
配管が動いて
漏水の原因に
なるから注意よ
棚の扉や引き出しの
開閉具合も点検
ずしり
だから やめい!
棚に重い物を
詰め込むと
棚板が下がったり
扉の蝶番がゆがむの
防水パンの上に洗濯機
その上に乾燥機を設置すると
位置や重量次第で防水パンに
亀裂が生ずる場合があるわ
ずしっ
ギシャー
陶器製のトイレは堅牢で
通常使用で破損はしないわ
便座がぐらつくのは便座の
ゴムパッキングの変形か
固定ネジのゆるみよ
ぐら
ぐら
ユルユル
洗面化粧台や防水パン
便器の漏水・破損
排水不良・作動不良の
アフターサービス期間は
2年
洗濯機の接続部分の
漏水は適用除外よ
トイレに物を
流して詰めた
場合は…?
もちろん
適用除外!

14 機器のアフターサービス期間はメーカーの保証期間になる

マンションには様々な住宅機器が設置されています。インターホンやシステムキッチン、給湯器、照明器具などです。このような住宅機器にはメーカーの保証書が添付されています。そして、機器本体が故障したときのアフターサービス期間は保証書の期間になります。

例えば、システムキッチンのレンジフードが故障した場合に、機器本体に添付されている保証書の期間が1年の場合は、アフターサービス期間も1年です。

けれども、レンジフードとダクトの接続工事のミスで故障した場合のアフターサービス期間は、アフターサービス規準どおりの2年になります。これは、接続工事の施工不良についてはデベロッパーの責任だけれど、機器の作動不良は機器メーカーの責任になるからです。

それから、例えば、食器洗い乾燥機を入居前にデベロッパーと追加工事契約で設置した場合は、ガス管や給水管、排水管と食器洗い乾燥機との接続不良はアフターサービスの対象になります。

ところが、購入者が入居後に電気店から食器洗い乾燥機を購入して、その電気店がガスや給排水の接続工事をした後に生じた接続管部分からの漏水等の事故は、アフターサービスの適用除外となるので注意が必要です。冷暖房設備も同様で、当初から設置されているものや追加工事でデベロッパーが設置したものの取付不良はアフターサービス適用となりますが、入居後に電気店で購入して設置したものはデベロッパーのアフターサービス適用除外です。

マンション設置の住宅機器が故障した場合アフターサービス期間は規準の2年とは違って
機器本体に添付されたメーカーの保証書記載の期間になるわ
保証書
あ
でも機器本体の不良でなく接続工事のミス等で故障した場合は
アフターサービス規準どおり2年になるの
…つまり?
接続工事の施工不良はデベロッパーの責任
機器の作動不良はメーカーの責任ってことね
でも例えば食器洗い乾燥機を入居前にデベロッパーと追加工事契約して設置した場合
ガス管や給湯管・排水管と機器本体との接続不良はアフターサービス対象だけど
サービス対象
購入者が入居後に電気店から食器洗い乾燥機を購入してその電気店が設置した場合
デンキ
適用除外
接続不良による漏水等の事故はアフターサービス適用除外よ
冷暖房機も同じで当初からの設置物とデベロッパーが追加工事で設置した物の取付不良だけが
アフターサービス適用だから注意ね
掘りゴタツが設置してある場合のみかんの設置不良とかは…
みかんは機器じゃないでしょ

第6章　管理組合が活用するアフターサービス

1 マンションの不具合を補修するのは管理組合の大事な仕事

新築の分譲マンションでは、管理会社が親会社のデベロッパーから建築設備の保守方法や取扱説明書を引き継いでいる場合が多いので、スムーズに共用部分の管理業務を開始できます。購入者も引っ越しで忙しいので、マンションの共用部分にまではなかなか目が届かず、管理会社にお任せになってしまいます。

ところで、マンションが竣工すると、①建設会社検査、②特定行政庁や指定確認検査機関の検査、③工事監理者検査、④デベロッパー検査、⑤購入者内覧会の順で、建築基準法や消防法そして条例をクリアしているかをチェックするだけでなく、強度や性能、施工精度についても入念な検査をして不具合があればそのつど補修をします。けれども、マンションという商品はたとえ入念に施工して検査を繰り返しても、気象条件や施工条件が異なる現場で、新たに製図した設計図面に基づいて一棟一棟丹念に建設するものだし、機械ではなく、人間による手作業が中心なので、施工管理に力を入れても、ある一定の確率で施工ミスや取付不良が生じてしまいます。このために、屋上からの雨漏り、コンクリートの亀裂、雨樋の支持金具の付け忘れ、樹木の枯損などの問題が生じる場合があります。こうした初期の施工による不具合を補修するための制度がアフターサービスです。

管理組合はマンションを詳細に点検のうえ、構造耐力や機能の維持、安全の確保のためにアフターサービス制度を活用して不具合の補修をデベロッパーに要求することが大事な仕事になります。

マンションが竣工すると建築基準法や消防法条令をクリアしているかや強度や性能・竣工の精度も検査するわ
建設会社検査
特定行政庁や指定確認検査機関の検査
工事監理者検査
デベロッパー検査
購入者内覧会
この順番ね
でもマンションって商品は入念に施工して検査を繰り返しても施工ミスや取付不良が起こるものよ
そういう初期の施工不具合の補修をするための制度がアフターサービスだから
屋上から雨漏り
雨樋の支持金具付け忘れ
コンクリートの亀裂
樹木の枯損
マンションの管理組合は詳細に点検してデベロッパーに不具合の補修を要求するの
それがマンションの構造耐力や機能維持安全確保につながる大事な管理組合の仕事なのよ
新築分譲マンションでは管理組合員である購入者は引っ越しで忙しくて共用部分にまではなかなか目が届かず管理会社任せになるけど
ムリー
管理会社は親会社のデベロッパーから建築設備の保守方法や取扱説明書を引き継ぐ場合が多いからスムーズに共用部分の管理業務を開始できるわ
お願いね！
取扱説明書
ちゃんと管理できるか不安なんですけど…
あっしには関係のねえことでござんす
教えるから学んでね2人ともよ

2 アフターサービスを活用してマンションの品質を維持・保全する

マンションのアフターサービス制度では、共用部分に不具合があるとデベロッパーが無償で補修をします。この制度は、電気製品などのように保証書を発行するのではなくて、マンションの売買契約で条文に明記してあります。無償補修が適用になるかどうかの判断の規準は、契約書に添付されている「アフターサービス規準」に詳細に記載されています。

共用部分のアフターサービスは、マンションが竣工してデベロッパーに引き渡した日を規準にして、おおむね1年目と2年目の2回に分けて実施します。これを「定期アフターサービス」といいます。このほか外壁から雨水が室内に浸入したなどの事故についてただちに補修するサービスがあり、これを「随時アフターサービス」といいます。

管理組合は、1年目(1回目)は梅雨の湿気や夏の暑さ、冬の乾燥などの四季の気候の変化から生じた屋上の防水層のふくれやモルタルの浮きを重点的に点検します。それと建設工事中の施工ミスや建築設備の設置不良、機器の作動不良も見逃してはいけません。

2年目(2回目)はコンクリートの乾燥収縮も一応は治まり、新たな亀裂の発生も減少するので、コンクリートの亀裂やタイルの浮き、亀裂、はがれをしっかりと点検します。共用部分を点検する機会は2年目のアフターサービスが完了すると、次は10数年後に実施する大規模修繕のときになってしまう場合が多いので、管理組合は2年目のアフターサービスに特に力を入れる必要があります。

マンションの共用部分のアフターサービスは定期アフターサービスと随時アフターサービスの２つ
無償補修適用の判断基準は契約書添付のアフターサービス規準に記載されているわ
定期アフターサービス
マンションがデベロッパーに引き渡された日を基準におおむね１年目と２年目の２回に分けて実施する
随時アフターサービス
外壁から雨水が室内に浸入などの事故についてただちに補修する
1年目／管理組合は四季の気候の変化から生じた屋上の防水層のふくれモルタルの浮きを重点的に点検するの
施工ミスや建築設備の設置不良機器の作動不良も見逃さないように！
ペコ
2年目はコンクリートの乾燥収縮も一応は治まっているのでコンクリートの亀裂やタイルの浮き・亀裂・はがれをしっかり点検するのよ
ポロ
共用部分の点検の機会は2年目の後は10数年後に実施の大規模修繕のときになっちゃう場合が多いから
管理組合は2年目のアフターサービスには特に力を入れるべきね
大規模修繕
10数年
2年目
2年目に力を…
力ずくか…
念入りにってことよ！
メモメモ

3 アフターサービス規準とは？

一般の商品のアフターサービスは、企業ブランドの維持や営業対策として行うもので、商品を購入者に引き渡した後に行うサービスです。その主な内容は、①使用方法、維持管理方法の説明、②引渡し後の点検、部品交換、③発生した不具合の修理です。企業が提供するアフターサービスの質は、修理受付や問い合わせ窓口のわかりやすさ、丁寧な説明、迅速な修理によって評価できます。アフターサービスには無償と有償のものがあり、その区分は保証書や契約の内容によって決まります。例えば、機械式駐車場の点検サービスは有料です。

マンションの共用部分のアフターサービスでは、管理組合が指摘した不具合をデベロッパーが現地調査してアフターサービス規準に適合する場合に無償補修します。現地調査にはそのマンションを施工した建設会社が同行することがほとんどです。

アフターサービス規準は、屋上や外壁、床などの「部位」や、電気設備などの「設備」ごとに、無償補修になる不具合の「現象例」を例示してあります。そして無償補修の対象になる適用「期間」が明記してあります。さらに、適用の注意事項について必要に応じて「備考」で補足しています。

管理組合が重視しなければならないのは、アフターサービス規準のうち特に適用期間です。部位・設備によって10年、5年、2年、1年と決められているので、無償補修の対象になる不具合が生じても適用期間を過ぎてしまうと有償になります。

アフターサービスは一般の商品の場合
①使用方法・維持管理方法の説明
②引渡し後の点検・部品交換
③発生した不具合の修理
アフターサービス
企業ブランドの維持や営業対策で行うものよ
アフターサービスには無償と有償があるけど
保証書
契約書
機械式駐車場の点検サービスは有料
その区分は保証書や契約の内容で決まるの
マンション共用部分のアフターサービスでは管理組合が指摘した不具合を
デベロッパーがマンションを施工した建設会社同伴で現地調査して
規準に適合する場合に無償補修するわ
規準適合
不具合
無償補修
アフターサービス規準は屋上や外壁・床などの「部位」電気設備などの「設備」ごとに無償補修になる不具合の現象例を例示してあるの
部位
設備
期間
備考
現象例
アフターサービス規準
そして無償補修対象の適用「期間」が明記されさらに注意事項があれば「備考」で補足してるわ
管理組合が特に重視する必要があるのは適用期間
適用期間
10年
5年
2年
1年
部位・設備によって決められた適用期間が過ぎると有償になるからね
有償
早く壊れて期間内におさまるといいですね
壊れないにこしたことはないわよ

4

アフターサービスはどのように実施するのか？

ノートパソコンやデジタルカメラが故障したりすると、購入した電気店へ相談に行ったり、メーカーのサポートセンターに電話で問い合わせをしたりします。マンションの共用部分のアフターサービスは、もっと前向きでデベロッパーから竣工後1年くらいを目安に「第1回目の定期アフターサービスを実施します」という連絡がありまず。そこで、管理組合は理事会が中心になり、マンションの共用部分を点検して不具合箇所を調査し、その結果を一覧表にまとめます。

デベロッパーは管理組合から提出された不具合箇所の一覧表を手にして、現地で詳細に目視調査をします。マンションを建設した建設会社も同行して建築技術上のアドバイスをします。

そして、これまでの経験や専門的な知識を駆使して、管理組合が指摘した箇所がアフターサービス規準に該当するかどうかを判断してから、その不具合を補修するよう建設会社に指示します。

建設会社は、マンション建設の請負契約を結ぶときにアフターサービスの実施を約束しているので、デベロッパーの判断に従って補修工事を行います。ところが、実際の補修工事は防水工事業者、タイル業者、造園業者のような専門の技術を持っている業者が施工します。このように多くの業者が部位や設備ごとに補修工事を担当するので、建設会社はその段取りと補修の手配に追われます。

補修工事が完了すると、管理組合は指摘した不具合箇所の補修状況を確認していきます。

マンション共用部分のアフターサービスは竣工後1年を目安にデベロッパーから実施の連絡があるわ
第1回目
定期アフターサービスを実施します
そこで管理組合は理事会が中心になり共用部分を点検し不具合箇所を調査
その結果を一覧表にまとめて
一覧表
デベロッパーは現地でその一覧表を手に詳細に目視調査
施工した建設会社も同行して技術上のアドバイスをするわ
建設会社
管理組合の指摘箇所がアフターサービス規準に該当すると判断したら
GO!
建設会社に補修指示して補修工事が始まるけど
実際施工する専門業者は部位や設備ごとに担当の業者が必要になるから
建設会社はその段取りと補修の手配に追われるの
補修工事が完了したら管理組合は補修状況を確認するのよ
OK
調査に確認…
それもサービスだと楽なのに
何を言ってんの

5 管理組合は自主点検でマンションの不具合をチェックする

さて、デベロッパーからアフターサービス実施の連絡を受けた管理組合では、理事会を開いて、組合としてどのように対応するかを協議します。理事会の理事が中心になってマンションを点検していきますが、組合員の中にはデベロッパーや建設会社に務めている人や建築に詳しい人もいるので、個人として参加してもらい専門知識を活用します。このためには、マンションのエントランスにある掲示板にも共用部分のアフターサービスを実施することを告知して、建物や住宅設備の点検参加者を募ります。

素人集団では不安だということで、大規模修繕の施工監理をしているような設計事務所に点検を依頼する場合もあります。けれども、築後数十年を経過したマンションと築1年のマンションでは傷み具合も違うし、なによりも、管理組合の理事や組合員が自分たちの財産を守るという気持ちでまとまることが大事なので、理事会を中心とした調査チームを作って自主点検をすることが大事です。それに、2年目のアフターサービスを受けるときにも1年目の経験を活かすことができます。

それから、バルコニーは共用部分であると同時に専用使用部分なので、居住者にアンケート用紙を配って点検してもらいます。さらに、屋上からの漏水や、外壁からの雨水浸入、機械式駐車場の作動不良などについてもアンケート調査をして事故などの実態を管理組合が把握しておくことが必要です。なるべく多くの組合員が協力して自主点検に参加できる体制を理事会が築き上げます。

※共用部点検の詳細については、第7章をご参照下さい。

でも管理組合の理事会って素人ばかりだと不安ですよ
まぁ大規模修繕の施工管理をしてる設計事務所に依頼することもできるけれど…
でも築後数十年と築1年のマンションでは傷み具合も違うし
点検楽ちん♪
1年
数十年
何より管理組合の理事や組合員が自分たちの財産を守るって気持ちでまとまるのが大事
そのためにもマンションのエントランスにある掲示板で告知して点検参加者を募るの
点検参加者募集!
組合員にはデベロッパーや建設会社の人建築に詳しい人もいるから
建築のことはまかせろ!
個人として参加してもらい専門知識を活用したり
ほかにもアンケート調査をしたり
なるべく多くの組合員が協力して自主点検に参加できる体制を築き上げるの
アンケート
参加したら記念品をプレゼントとか
モノで釣るのは…

6 点検に必要な道具と図面を用意する

アフターサービスを受けるために管理組合が行う点検は目視が中心になります。見つけた不具合はデジタルカメラに記録しておきます。できれば3mくらい離れた位置から外観を撮り、近づいて拡大写真を撮ります。それから、パンフレットの図面集をコピーしておいて階数や場所を記録しておきます。後でわかりやすいように不具合箇所にマスキングテープを貼っておくと目印になります。

コンクリート壁やタイルの浮きなどは目視してもわからないので、打診棒で叩いてみて音で判断します。澄んだ金属音のする箇所はタイルが密着していますが、濁った音のする所は浮いている可能性があります。それから、コンクリートのひび割れはクラックスケールという定規に似たものでひび割れの幅を測りますが、0.3㎜と0.5㎜のシャープペンシルの芯でも用が足ります。0.5㎜のシャープペンの芯をひび割れに差し込んでみれば、そのひび割れが0.5㎜以上あるかどうかが簡単にわかります。見えにくい所や隠れている箇所は懐中電灯と鏡を用意しておくと便利です。

マンションの敷地や道路から外壁タイルの様子を見るときには双眼鏡を使います。塗装の劣化や鉄部のさびは触って確かめることもあるので軍手とタオルも用意しておきます。巻き尺も必携です。

管理組合は、目視をする調査班、写真を撮る撮影班、図面に書き込む記録班の3チームを組織して点検を行うのがよいでしょう。参加者は多いほうが詳細に点検できるので好都合ですが、実際に点検結果のまとめ作業をする人は10名くらいで十分です。

管理組合が行う点検に必要な道具は色々あるわ
パンフレットの図面集コピー
階数や場所を記録する
デジタルカメラ
3ｍほど離れた位置からの外観写真と近づいて拡大写真を撮る
マスキングテープ
不具合箇所の目印用
打診棒
目視でわからないコンクリート壁やタイルの浮きを叩いた音で判断する
双眼鏡
敷地や道路から外壁タイルの様子を見る
懐中電灯・鏡
見えにくい箇所隠れた箇所を見る
クラックスケール
コンクリートのひび割れ幅を測る※シャープペンシルの0.3㎜0.5㎜芯でも代用可能
巻き尺
部材の寸法を測定する
軍手・タオル
塗装の劣化や鉄部のさびを触って確かめる
管理組合は目視をする調査班写真を撮る撮影班図面に書き込む記録班を組織して点検を行うのがいいわね
調査班
撮影班
記録班
住民を総動員して完璧な点検だ！
ええ～集まるかな集まるかな…
参加者は多いほうが好都合だけど実際の点検結果をまとめる作業は10名ほどで十分よ

7 点検結果を一覧表にまとめる

何人かでチームを組んでマンションを点検するのはゲーム感覚で取り組むと面白い作業ですけれど、それを資料として一覧表にまとめるのは地道で根気のいる作業です。

建物については、屋上から始めて地階までの順に番号を振りながらまとめていくのがわかりやすく、手戻りを減らすことができます。発見した不具合箇所の階数、場所、部屋の号数（例・805号室前の外廊下）を特定して、その不具合の状況をメモします。

専門用語を使う必要はないので、アフターサービス規準で使用している「現象例」の用語を参考にして簡潔に記入します。この一覧表作りの作業と同時に、パンフレットの図面集に、矢印で番号と不具合箇所を記入していきます。

それから写真をプリントアウトして、番号をメモします。写真をデベロッパーに渡す必要はありませんが、補修前と補修後を見比べることができるので管理組合にとっては大事な資料です。不具合の状況が写真によく写っていないときは、もう一度現場に戻って撮るようにします。

屋上の防水層やドレイン、外廊下の排水溝の不具合は、雨が降った日の翌日しかわからないこともあるので、有志で屋上に出て、水溜まりや排水不良がないかを目視します。

このような目視点検とその結果をまとめる作業を理事会が中心になって行うと、マンションの共用部分がどういう状況になっているかがよくわかり、生きた資料として管理組合の財産になります。

チームを組んで
マンション点検って
何だかゲームみたい
そう思って
ゲーム感覚でやると
面白いかもね
でも
資料として一覧表に
まとめるのは地道で
根気がいる作業よ
建物については屋上から始めて
地階までの順に番号を振りながら
まとめるのがわかりやすくて
手戻りも減らせるわね
START!!
特定した不具合状況のメモは
アフターサービス規準の現象例の
用語を参考にして簡潔に記入するわ
一覧表作りと同時に
パンフレットの
図面集にも矢印で
番号と不具合箇所を
記入するの
ヒビ
写真は補修前と
後を見比べる
資料になるから
プリントアウト
して番号をメモ
雨降りの
翌日しか
わからない
不具合も
あるから
屋上の防水層
ドレイン
外廊下の排水溝
有志で
屋上に出て
水溜まりや
排水不良も
目視点検
大変だけど理事会が
中心になり点検して
まとめた資料は
わーい
資料
共用部分の状況が
よくわかる
生きた資料として
管理組合の財産に
なるわ
がんばり
ます！
ゲーム感覚
すぎるわね

8 デベロッパーと補修の交渉をする

管理組合が作った補修依頼箇所一覧表のすべてを無償補修してくれれば問題はないけれど、指摘した不具合のいくつかはアフターサービスの適用除外という回答がデベロッパーからあるかもしれません。例えば、外廊下の壁にできた傷は引っ越し作業によってできたものと考えられるとか、コンクリートの亀裂の幅は0.3㎜未満なので毛細亀裂だといって補修工事から除外される場合がありま す。アフターサービスは売買契約書に添付されているアフターサービス規準に基づいて無償補修するものなので、デベロッパーの言い分にも耳を傾ける必要がありますが、管理組合としても組合が指摘した不具合が適用除外になると納得がいきません。

そこで、現地をもう一度、目視調査してからデベロッパーと話し合いの場を持ちます。共用部分の傷や汚れは入居前からあったもので施工不良なのか、それとも居住者や引っ越し業者の不注意でできたものなのかを判断するのは容易ではありません。

管理組合としての考え方は、マンションの構造上や耐久性に影響がある不具合かどうかを視点にして交渉し、それでも解決しない場合は、重要と思える不具合に絞って補修を要求していきます。

それから、定期アフターサービス制度は築後1年から2年というほぼ新築に近い時期に、工事上の施工不良で生じた不具合を点検して無償で補修する制度なので、デザイン上や美観上の問題を指摘しても、デベロッパーとしてはなかなか補修に応じられません。

もし管理組合で指摘した不具合がアフターサービスの適用除外って言われちゃったらどうなるんですか？
不具合
適用除外
その場合は現地をもう一度目視調査してデベロッパーと話し合いね
共用部分の傷や汚れは入居前からなのか施工不良なのかそれとも居住者や引っ越し業者のミスなのかの判断は容易じゃないわ
管理組合としては構造上や耐久性に影響のある不具合かどうかを視点にして交渉するのよ
ダメ
ダメ
耐久性
構造上
それでも解決しない場合は重要と思える不具合に絞って補修を要求するの
マカセロ
重要
耐久性
構造上
アフターサービスは売買契約書添付の規準に基づいた無償補修だからデベロッパーの言い分も聞く必要があるし
これヤダ～
施工不良でないデザイン上や美観上の問題を指摘しても補修にはなかなか応じられないわ
ダメ
ケチ
ケチじゃありません！

第7章　管理組合が点検するアフターサービスの実際

1 目視をする

マンションの共用部分の外観調査では、目視をして不具合を発見します。さらに打診、指触、聴診して不良箇所を探していきます。目視といっても、ただ一点を見つめるだけでは何も発見できません。全体を見ながら、ある部分が周辺の部分と比べて変色や変形していないかを見つけ出すことが目視です。目を凝らして、健全な部分と比較しながら不具合な箇所を探し出していきます。管理組合は、見落としがないように何人かで力を合わせて目視調査をしていきます。

例えば、タイル張りの外壁ならば、タイルとタイルの間から白い粉のような物が吹き出していたり、白い液状の物が染み出していないかを見つけることです。それとタイルにひびが入っていないか、タイルが極端に浮き出ていないか、タイルとタイルの間に目地がきちんと詰まっているか、タイルが雨だれで変色していないかを見つけることです。

それから、外壁のコンクリート工事は1層（1階）ごとに打設していくので、約3ｍごとに水平の打ち継ぎ目地があります。縦にも約3ｍごとにひび割れ誘発目地といってコンクリートの乾燥収縮を1箇所に集中させるための目地があります。この目地にシール材が均一に充てんされているかを注意して目視します。正常な部分をしっかりと確認して、それと比較しながら変色や変形を見つけ出すのが目視調査です。コンクリート躯体のひび割れ（亀裂）調査なら、まず目視で亀裂を探し出すことが肝心で、クラックスケールを取り出して亀裂の幅を測るのは次の段階です。

管理組合が行うマンション共用部分の外観調査のやり方を見てみましょう
まず目視で不具合を見つける
健全
変色
変形
全体を見ながら目を凝らして健全な部分と比較して変色や変形など不具合箇所を探し出すの
目視といってもただ一点を見つめるだけじゃダメ
ないよー
こっちもー
ないねー
あったー
見落としがないように何人かで協力するの
タイル張りの外壁の場合こんな所に注意して目視
タイルとタイルの間から白い粉状・液状の物が出ていないか
タイルにひびがはいっていないか
タイルが極端に浮き出ていないか
タイルとタイルの間に目地がきちんと詰まっているか
タイルが雨だれで変色していないか
外壁のコンクリートには約3mごとに水平の打ち継ぎ目地があり縦には乾燥収縮を1箇所に集中させるひび割れ誘発目地があるから
打ち継ぎ目地
ひび割れ誘発目地
この目地に充てんされてるシール材が均一かも注意して目視よ
ま まばたきはしてもいいですか?
どうぞ!

2 打診、指診、聴診をする

タイルの浮きは残念ながら目視だけではわかりません。管理組合の理事は打診棒《だしんぼう》を使ってタイルの表面を叩いてみることです。打診棒はホームセンターなどで売っていて、突端についている鉄の丸い玉でタイルの表面を叩いたりコロがして音の差異を聞き取ります。しっかりとタイルがコンクリートに密着していれば金属的な音がするし、浮いていれば鈍い音がします。もっとも、扉や窓枠の周りは、コンクリート躯体と窓枠の間にモルタルが詰まっているので、モルタル部分が浮いているような音がすることがあります。このときには、タイルとタイルの間の目地が緊密に詰まっているかを目視します。それと、タイルと窓枠の間（取合い）にシール材が均一に充てんされているかを目視します。コンクリート躯体に仕上げ材としてモルタルが塗られているときも、打診棒で叩くとモルタルが浮いているかどうかを判断することができます。

コンクリートに吹き付けタイルで塗装する仕様で、塗装が浮いているときは指触してみてその程度を確かめてみます。それから、揚水ポンプ室や電気室では異音を発生していないか聴診します。

扉では、開閉時にきしみ音が出ていないかを聴診します。異常音が出ているようなら、「扉の枠」と「扉」との隙間が均一かどうかを、三方枠（上・左・右）の水平線や垂直線で比較してみます。上枠の隙間が、蝶番側では3㎜なのに反対側では6㎜というのでは取付不良の可能性があります。それと、三方枠と扉の框《かまち》を見て双方に擦ったようなすり減りがないかを目視します。

タイルの浮きは
目視だけでは
よくわからないから
管理組合の理事は
打診棒を使って
タイルの表面を
叩いてみるの
打診棒はタイルの
表面を叩いたり
転がして音の差異を
聞き取る道具よ
ホームセンターなどで
売っているわ
タイルがしっかり
コンクリートに
密着していれば
金属的な音
浮いていれば鈍い音
扉や窓枠の周りや
コンクリート躯体の
仕上げ材にモルタルが
塗られてるときは
モルタル部分が
浮いているような音が
することもあるわ
コンコン
ボンボン
ゴンゴン
コンクリートに
吹き付けタイルで
塗装する仕様の
塗装の浮きは
指診でその程度を
確認
ペコ
揚水ポンプ室や
電気室では
異音発生
してないか
聴診するのよ
ブィーーン
扉は開閉時にきしみ音が
出てないかを聴診して
異常音があれば
扉枠と扉との隙間を
三方枠の水平線や
垂直線で比較して
隙間の差が大きいと
取付不良の可能性が
あるわ
三方枠と扉の框を見て
双方に擦ったような
すり減りがないかも
目視するのよ
ギギギギ
バタン
あ

3 専門的にはどのような調査をするのか？

外壁のコンクリート躯体に設計図どおりに鉄筋が配筋されているかは、鉄筋探査機（ハンディサーチ）を使用してコンクリート表面に電磁波を放射して鉄筋探査すれば、配筋のピッチとコンクリートのかぶり厚さ（鉄筋からコンクリート表面までの厚さ）を調べることができます。

コンクリートの強度は、破壊調査になりますが試験体としてコンクリート躯体から直径10㎝程度のコアを抜き取って、圧縮強度を調べることができます。このほかに、シュミットハンマーという機器でコンクリート躯体に打撃を加えて、返ってきた衝撃の反射の強さで強度を測定できます。それから、コンクリートの亀裂の深さはパンジットという機器で超音波を発生させて、その伝播《でんぱ》時間から推定できます。

タイルのコンクリートへの付着（接着）力は、建研式接着力試験器でどのくらいの引張力をタイルに加えたらはがれるかという試験をして、引っ張り強度を調べます。また、外壁に赤外線を当てるとタイルが浮いている箇所は高温になることを利用して、赤外線熱画像からタイルの浮きを調査できます。

不具合は外観に必ず表れるので、管理組合がアフターサービスを受けるための準備は、目視と打診の調査で十分に対応できます。専門会社による鉄筋探査やタイルの引っ張り強度試験は、コンクリートに鉄筋のさび汁を伴った亀裂が発生したときや、タイルの剥落《はくらく》事故の際に実施すれば十分です。

外壁コンクリートの鉄筋が設計図どおりの配筋なのかは鉄筋探査機（ハンディサーチ）でコンクリート躯体表面に電磁波を放射して調べる
ハンディサーチ
コンクリート躯体の強度は試験体として躯体から直径10㎝程度のコアを抜き取り圧縮強度を調べる
スポ
コア
シュミットハンマー
ほかにもシュミットハンマーで打撃して返ってきた衝撃反射の強さでも強度を測定できる
コンクリートの亀裂の深さはパンジットで超音波を発生させその伝播時間から推定する
パンジット
コンクリートへのタイルの付着力は建研式接着力試験器でどの程度の引張力をタイルに加えるとはがれるかの試験によって引っ張り強度を調べる
建研式接着力試験器
外壁に赤外線を当てるとタイルが浮いた箇所は高温になるので赤外線熱画像でタイルの浮きを調査できる
赤外線カメラ
でもこういう専門的な調査はコンクリートに鉄筋のサビ汁を伴った亀裂が発生したときやタイルの剥落事故の際でいいの
不具合は外観に必ず表れるから管理組合がアフターサービスを受けるための準備は目視と打診の調査で十分対応できるわ
ハンマー使ってみたかったな〜
そのハンマー違う！

4 パラペット

屋上への出入り口の扉はほとんどの場合に施錠されています。これは手すりを設置していないので転落の危険があるためです。管理組合が屋上を点検するときは腰を低く落として安全に注意しながら行います。まず、パラペットを見ましょう。

パラペットは屋上やルーフバルコニーの周囲に高さ50センチくらいの壁を立ち上げたもので、建物の先端とアスファルト防水層を保護します。

パラペットは真夏の太陽で表面（天端《てんば》）が高温になり長辺方向に膨張しますが、下部は床に固定されているので膨張を抑えられています。このため、コンクリートに縦のひび割れが生じやすくなります。このひび割れに雨水が浸入すると漏水の原因になるので注意深くひび割れが生じていないかを点検します。仕様によってはパラペット天端をアルミで覆って保護しています。アルミも熱で伸縮するので、目地とつなぎ目に隙間がないかを点検します。

パラペットの内側には防水層のアスファルトルーフイングが立ち上がっていて、上端はアングルバー（アルミかステンレスの押さえ金物）で固定されています。この防水層の上端とパラペットに隙間が生じると強雨時に雨水が浸入する場合があるので、懐中電灯と鏡でコーナー部分を重点的に密着状態をチェックします。

パラペットの亀裂部から雨水が屋内に浸入したときは漏水事故なので、アフターサービス期間は10年です。けれども、パラペット天端や躯体が亀裂や破損したときの期間は2年です。

屋上点検は
腰を低く落として
安全に注意してね
まずはパラペットの点検
パラペット
防水層
パラペットは建物の先端と
アスファルト防水層を
保護するものよ
パラペットは真夏の太陽熱で
天端が長辺方向に膨張するけれど
下部は床に固定されてるせいで
膨張が抑えられてコンクリートに
縦のひび割れが生じやすいわ
太陽熱
膨張
固定
このひび割れに
雨水が浸入すると
漏水の原因になるから
注意深くひび割れが
ないか点検よ
パラペット天端を
アルミで保護する
仕様もあるけど
アルミも熱で
伸縮するから
目地とつなぎ目に隙間が
ないかを点検するの
アルミ
アルミ
パラペットの内側には防水層の
アスファルトルーフィングが
立ち上がっていて上端は
アングルバーで固定されてるわ
パラペット
防水層立ち上がり
この防水層の上端とパラペットに
隙間が生じると強雨時に雨水が
浸入する場合があるので
懐中電灯と鏡でコーナー部分の
密着状態を重点的にチェックよ
うわっ
まぶしいっ
ピカーッ
そこ！
あそばない！

5 床の防水層

屋上のコンクリート床から雨水が屋内に浸入すると大事故になるので、多くのマンションではもっとも信頼ができるアスファルト防水熱工法で床を防水しています。手順は、まず太陽の熱が最上階の天井に伝わらないように、屋上のコンクリート床に断熱材を敷き込みます。その上から合成繊維にアスファルトを染みこませたルーフィングというシートを、溶かしたアスファルトを接着剤にして何枚かを重ね張りして防水層を形成します。

屋上の床コンクリートに含まれている水分が蒸発すると防水層が膨らんでしまうので、ベンチレーションという脱気装置を一定面積ごとに設置することがあります。

管理組合は屋上の防水層が均一で目地に傷やひび割れ、はく離がないかを目視します。それから雨天の翌日に屋上に上がり、防水層の水はけが正常で、表面に水の滞留がないかを点検し、不具合があればデジタルカメラで撮影しておきます。

屋上の防水のアフターサービス期間は10年です。

一方、排水不良や防水層のふくれは2年となっています。

これは、漏水事故については10年間保証するけれど、防水層の仕上げの不良や、ひび割れ、排水不良は漏水事故に直接には結びつくわけではないので、アフターサービス期間は2年になるということです。

屋上のコンクリート床の防水は多くのマンションがもっとも信頼できるアスファルト防水熱工法よ
太陽熱が最上階の天井に伝わらないよう断熱材を敷き込む
溶かしたアスファルトを流し込む
ルーフィングを転がして張る
断熱材
合成繊維にアスファルトが染みこんだルーフィングというシートを溶かしたアスファルトで何枚か重ね張りして防水層を形成するの
屋上の床コンクリートに含まれた水分が蒸発すると防水層が膨らむのでベンチレーションという脱気装置を一定面積ごとに設置することもあるわ
脱気
管理組合は屋上の防水層が均一で目地に傷やひび割れはく離がないか目視するの
ペリっ
それから雨天の翌日に屋上に上がり
防水層の水はけが正常で表面に水の滞留がないかを点検
ぱしゃっ
不具合が見つかればデジタルカメラで撮影するわ
屋上の防水のアフターサービス期間は漏水事故に関しては10年だけれど
防水層の仕上げの不良やひび割れ・排水不良は漏水事故に直接には結びつかないから2年よ
10年
2年
僕のカメラ貸し出しますよ？
望遠レンズはいらない

6

ルーフドレイン

屋上のルーフドレインは、雨水を排水するためのもので、強度の関係から鋳鉄製のものがよく使われています。ルーフドレインはモルタルや防水層・断熱材を貫通しているし、雨水が集まるように周囲に勾配《こうばい》をつけるので難しい工事です。施工はまずルーフドレインを鉄筋に取り付けてから、コンクリートを打設し、断熱工事、防水工事の順で行います。

管理組合としては、屋上のルーフドレインを点検して、変形や破損、そして周囲の防水層に亀裂がないかを慎重に調べます。ルーフドレインの変形・破損、排水不良・取付不良のアフターサービス期間は2年です。

ところで、屋上の平らな屋根（陸屋根《ろくやね》）は、雨水を排水するためにコンクリート躯体で50分の1から100分の1の勾配《こうばい》を取ってあります。例えば、長さが20mの屋根なら少なくても20cmの高低差があります。ルーフドレインは、もっとも低いところに取り付けてあるので、土砂やゴミ、枯葉などが溜まりやすくなっています。そして、雑草が生えたり木の根が生えたりすると排水口が詰まって排水不良になったり、ひどいときには防水層にまで根が食い込み防水性能を低下させる悪さをします。ルーフドレインに目詰まりが生じていると、ゲリラ豪雨のときに排水しきれず、パラペット内側の防水層上端まで雨水が達して屋内に漏水する場合もあります。管理組合は管理会社と相談して、定期的に屋上のルーフドレイン周りを清掃する必要があります。

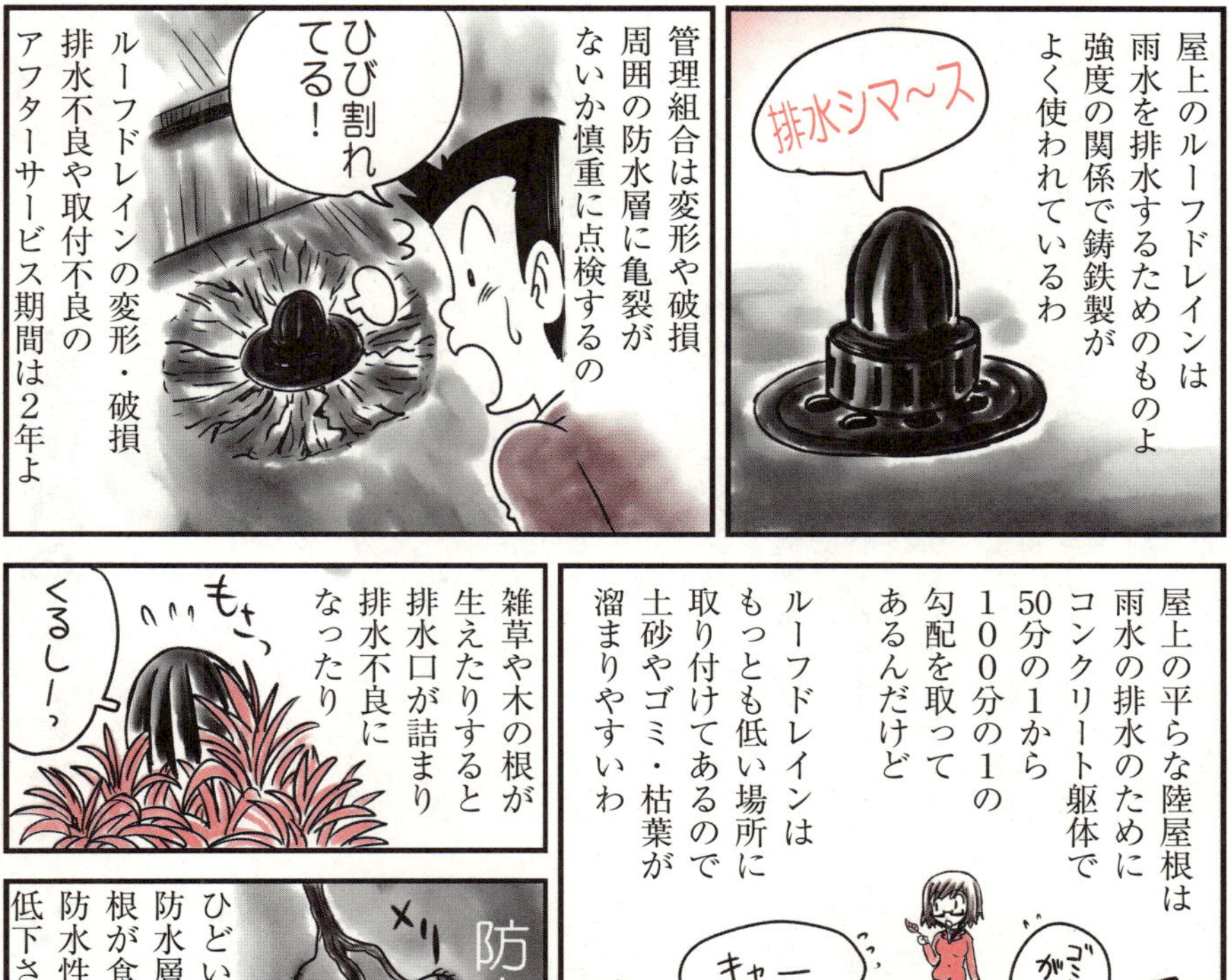
屋上のルーフドレインは
雨水を排水するためのものよ
強度の関係で鋳鉄製が
よく使われているわ
排水シマ〜ス
管理組合は変形や破損
周囲の防水層に亀裂が
ないか慎重に点検するの
ひび割れてる!
ルーフドレインの変形・破損
排水不良や取付不良の
アフターサービス期間は2年よ
屋上の平らな陸屋根は
雨水の排水のために
コンクリート躯体で
50分の1から
100分の1の
勾配を取って
あるんだけど
ルーフドレインは
もっとも低い場所に
取り付けてあるので
土砂やゴミ・枯葉が
溜まりやすいわ
ゴミがぁ〜
キャー
雑草や木の根が
生えたりすると
排水口が詰まり
排水不良に
なったり
もさっ
くるしー
防水層
メリ
メリ
ひどいときには
防水層にまで
根が食い込み
防水性能を
低下させるわ
ルーフドレインが目詰まりすると
ゲリラ豪雨のときに排水しきれず
パラペット内側の防水層上端まで
雨水が達して屋内に漏水するの
ざあぁぁぁ
たぷたぷ
目詰まり
管理組合は管理会社と相談して
屋上のルーフドレイン周りを
定期的に清掃する必要があるわ
ぽた
ぽた
先輩!指が
詰まりました!
あんたは
ゴミか!

7 避雷針やテレビアンテナの支柱

高さが20m以上のマンションには必ず避雷針《ひらいしん》が設置されています。屋上スラブの上に築いたコンクリート基礎に埋め込んだアンカーボルトで避雷針をがっちりと固定しています。避雷導線（鬼拠《おにより》線）は切断や腐食といった不具合を目視できるように露出配線が原則です。テレビアンテナも基礎を築いて、埋め込んだアンカーボルトで支柱を支えています。規模の小さいマンションでは、テレビアンテナなどをエレベーター機械室の塔屋にボルトと金具で固定している場合もあります。

管理組合は、まず、避雷針やテレビアンテナの支柱の傾きやぐらつきを点検します。次に、支柱のさびや塗装のはがれを点検します。それから、土台のコンクリート基礎にひび割れが生じていないか、防水層が密着しているかなどを目視点検します。

屋上には飲料水用や消火水用の高置《こうち》水槽が設置されています。高置水槽も、土台になっているコンクリート基礎のひび割れや損傷、架台の鉄部の腐食、さび、塗装のはがれを点検します。

このほか、屋上には非常用の発電機、パラペットの内側に取り付けた丸環《まるかん》などがあるので、コンクリートのひび割れ、鉄部のさびや塗装のはがれ、架台のぐらつきを目視や手触りで調査します。

避雷針やテレビアンテナの取付不良や架台《かだい》のさび、土台の亀裂、立ち上げた防水層端末のはがれのアフターサービス期間は2年です。管理組合は2年目の定期アフターサービスのときにしっかりと点検するようにします。

避雷針とテレビアンテナはどちらも屋上スラブの上に基礎を築いて埋め込んだアンカーボルトで支柱を固定しているわ
避雷針
TVアンテナ
管理組合はまず支柱の傾きやぐらつきを点検
ぐら
ぐら
次に支柱のさびや塗装のはがれを点検
それから土台のコンクリート基礎にひび割れがないか防水層が密着してるか目視点検
ピリッ
避雷針やアンテナの取付不良やさび・亀裂などのアフターサービス期間は2年
2年
管理組合は2年目の定期アフターサービスの時にしっかり点検ね
屋上には飲料水用や消火水用の高置水槽も設置されているわ
デーン
これも土台のコンクリート基礎のひび割れや損傷架台の鉄部の腐食・さび塗装のはがれを点検よ
屋上ではほかに非常用の発電機パラペットの内側に取り付けた丸環なども
発電機
丸環
パラペット
コンクリートのひび割れ鉄部のさびや塗装のはがれ架台のぐらつきを目視や手触りで調査するのよ
避雷針があれば僕に先輩の雷も落ちることはなくなるかなぁ
君が避雷針なんじゃないかしら？

8

斜めの屋根（斜壁）

マンションの屋根は陸屋根《ろくやね》といって平らな形状が多いのですが、建築基準法の道路斜線制限や日影規制の影響で屋根を斜め（斜壁《しゃへき》）にすることがあります。斜壁は角度と方位によっては太陽の熱を直接受けることになり、高温になってコンクリート躯体やモルタルが膨張し、夜には冷えて収縮し、この繰り返しで亀裂が生じやすい部位です。また、降雨時にも壁が斜めなので水が滞留しやすくなります。このため斜壁の防水層は、アスファルトシングルを重ね張りして形成するのが一般的な工法です。ところが、外観やデザインの関係から外壁と同様にタイルを張ることもあります。このときは下地材のコンクリート躯体の防水性能を強化し、仕上げ材のタイルに塗膜《とまく》防水を施すなどの工夫が必要です。

管理組合は斜壁のアスファルトシングルに破れやしわがないかをよく目視することが大切です。タイル張りのときは、タイルの裏面に雨水が浸透していないかを注意深く目視します。雨水が浸透するとセメントの炭酸カルシウムと反応して、エフロレッセンスという白い粉がタイルの目地から染み出てきます。斜壁でタイルがはがれ落ちる事故をみると、タイルがモルタルからはがれ落ちるときより、タイルと密着しているモルタルがコンクリートからはがれ落ちるケースが大部分です。斜壁から雨水が浸入して屋内が漏水したときのアフターサービス期間は10年、アスファルトシングルやタイルの亀裂、浮き、はがれは2年です。

マンションの屋根は
建築基準法の道路斜線制限や
日影規制の影響で斜めにした
斜壁にすることがあるわ
直射
ピリ!!
ワーン
斜壁は角度と方位により
コンクリートやモルタルが
昼は太陽熱の直射で膨張
夜は冷えて収縮を繰り返して
亀裂が生じやすい部位よ
降雨時も水が滞留しやすいから
防水層はアスファルトシングルを
重ね張りする工法が一般的だけど
アスファルトシングル
タイル
外観やデザインの関係で
外壁と同じタイル張りもあるの
雨水が浸透すると
炭酸カルシウムと
セメントが反応して
エフロレッセンスという
白い粉がタイルの
目地から染み出すわ
ジワ
ジワ
斜壁でタイルが
はがれ落ちる事故は
タイルと密着してる
モルタルが
コンクリートから
はがれるのが大部分よ
ポロッ
雨水浸入で屋内が漏水した場合
アフターサービスの期間は10年
アスファルトシングルやタイルの
亀裂・浮き・はがれは2年
10年
2年
管理組合の斜壁点検は
アスファルトシングルに
破れやしわがないか
タイル裏面に水の浸透がないかを
注意深く目視するのよ
しわはないですね
先輩の目尻と
違って
何ですって?

9 構造耐力上主要なコンクリート躯体

現在のマンションの構造はラーメン構造が主流になっていて、柱と梁《はり》でがっちりと組み立てられています。この柱と梁に、基礎、耐力壁、内部床、屋根、屋上を追加すると構造耐力上主要な部分になります。これらの部分はマンションの自重、積載荷重、地震の震動を支えています。そして、鉄筋とコンクリートで造られていて（RC造）、コンクリート駆体といいます。

ところで、コンクリートは熱と圧縮には強いのですが引っ張りには弱く、強いアルカリ性です。一方、鉄筋は引っ張り力には強いのですが熱には弱く、酸化するとさびてしまう性質を持っています。

そこで、コンクリートが鉄筋を覆って熱から保護し、そのアルカリ性で鉄筋のさびを防止しています。このように鉄筋コンクリートはコンクリートが鉄筋を一体化して包み込み、お互いの長所を生かして短所を補う優れた構造体で、強度、耐久性、耐火性に優れています。

ところが、構造耐力上主要な部分のコンクリート躯体から鉄筋のさび汁が流れ出るような亀裂が生じると、コンクリートが鉄筋を十分保護できない状態なので、内部の鉄筋がさびてしまい、構造耐力上に悪影響を与えてしまいます。

このようなコンクリート駆体に鉄筋のさび汁を伴った亀裂や破損が生じたときのアフターサービス期間は10年なので、管理組合は鉄筋のさび汁が出ている箇所がないか目視することが大事です。

外壁のコンクリート躯体を点検してみましょう
ばーん
鉄筋コンクリート
RC構造
現在のマンションは鉄筋コンクリートのRC構造よ
コンクリートは強いアルカリ性で熱と圧縮に強く引っ張る力に弱い
熱
圧縮
コンクリート
平気
ダメー
引っ張り
平気
ダメ〜
鉄筋
酸
熱
鉄筋は酸化するとさびる性質で引っ張る力に強く熱には弱い
そこでコンクリートで鉄筋を覆って熱から保護しそのアルカリ性で鉄筋のさびを防止したのが鉄筋コンクリートよ
合体!
お互いの長所を生かし短所を補う優れた構造体で強度・耐久性・耐火性に優れているわ
でも構造耐力上主要な部分の躯体に亀裂が生じると内部の鉄筋が十分保護されずさびて悪影響が出るの
ピリリッ
ヒー
管理組合は点検で鉄筋のさび汁が出てる箇所がないか目視することが大事ね
コンクリート躯体に鉄筋のさび汁を伴った亀裂や破損が生じた際のアフターサービス期間は10年よ
10年
ちゃんと聞いてた?
僕の耳は引っ張る力に弱いです!

10 コンクリートの亀裂や浮き

外壁は鉄筋とコンクリートで作られています。鉄筋は引っ張り強度が大きく、人体にたとえると骨格のような役割をしています。地震が発生したときにマンションに襲いかかる巨大なせん断力（ずれる力）や曲げ力には鉄筋の強度が頼りとなります。

ところで、コンクリートに亀裂が生じる原因は、乾燥収縮や外気温度の変化による伸縮、地震などの外力があります。コンクリートの乾燥収縮は打設後2～3カ月頃から発生し、6カ月後には長さ10mの梁で6㎜から8㎜くらい縮みます。けれども内部には鉄筋が組み込まれているし、壁や柱、床に拘束されていて全体的に収縮できずに、部分的に収縮するので亀裂が生じてしまいます。

外気温の変化も長さ10mのコンクリートで1℃につき0.1㎜くらい伸縮します。真夏の明け方の気温が20℃、日中の直射日光で80℃に加熱された場合、明け方に比べて午後には外壁表面が6㎜ほど伸びますが、外壁の内側は冷房の影響で温度が一定に保たれているので、それほど伸びません。直射日光を受ける表層部分が伸び、室内側が伸びないので亀裂が生じてしまいます。

コンクリートの亀裂や浮きのアフターサービス期間は2年です。管理組合は2回目の定期アフターサービスで亀裂を補修しておく必要があります。特に幅が0.5㎜以上の亀裂には雨水が浸入しやすく、有害な亀裂なので、管理組合はデベロッパーに重点的に補修するよう指摘します。亀裂の幅は0.5㎜のシャープペンシルの芯を差し込んでみればすぐにわかります。

コンクリートに亀裂が生じる原因は乾燥収縮や外気温度の変化での伸縮地震などの外力よ
コンクリートの乾燥収縮は打設後2～3カ月頃から発生し6カ月後には長さ10mの梁で6㎜から8㎜くらい縮むけど
ピシィ
ココダケ縮ンダ～
内部には鉄筋が組み込まれて壁や柱・床に拘束されてるから全体的に収縮できず部分的に収縮して亀裂が生じるわ
外気温の変化での伸縮は長さ10mのコンクリートで1℃につき0.1㎜くらい
直射日光を受ける表層部分が伸び室内側は冷房の影響で温度が一定だから伸びずに亀裂が生じるの
伸びる
伸びない
コンクリートの亀裂や浮きのアフターサービス期間は2年
管理組合は2回目の定期アフターサービスで亀裂の補修が必要よ
2年
特に亀裂の幅が0.5㎜以上だと雨水が浸入しやすく有害な亀裂なので管理組合はデベロッパーに重点的な補修を指摘するの
0.5㎜以上！
亀裂の幅はシャープペンシルの0.5㎜芯を差し込めばすぐわかるわ
ツッツッ
あっ！取れなくなった
何でそんなに奥まで差すの！

11 耐力壁と非耐力壁に生じたひび割れ

外壁には柱や梁と一体になってマンションを支える壁があり、これを耐力壁《たいりょくかべ》といいます。通常は設計図の中から構造図の伏図を見ると、「EW200」などと記入されています。

一方、バルコニーと室内を区切る壁や、部屋を区切るだけの壁のように耐力上の影響を持たない壁を非耐力壁《ひたいりょくかべ》といい、「W150」などと記入されています。Eは耐力の略、Wは壁の略、そして200や150は壁の厚さです。

コンクリート躯体の亀裂・破損のうち有害なものとして、①雨水が浸入して内部の鉄筋のさびを発生させるようなもの、③雨水が浸入して漏水現象を引き起こすもの、③過度な加重のためにたわんだもの、をあげることができます。

管理組合は、建物を目視調査して耐力壁などの構造耐力上主要な部分、それに加えて外階段・バルコニー・外廊下の床から茶色いさび汁が流出している亀裂を発見したら、10年間はアフターサービスの適用となるので、定期アフターサービスにこだわらずにデベロッパーに補修を要求する必要があります。けれども、非耐力壁の壁から茶色いさび汁を伴う亀裂が発生しても、そのアフターサービス期間は2年となってしまうので、管理組合としては非耐力壁の亀裂は2年目のアフターサービスで補修をしておかなければなりません。

それから、茶色いさび汁を伴わない亀裂のときは、耐力壁も非耐力壁も同じようにアフターサービス期間は2年です。

外壁で柱や梁と一体になりマンションを支える壁を耐力壁
室内を区切るだけなどの耐力上の影響を持たない壁を非耐力壁というの
耐力壁
設計図の構造図の伏図では耐力壁はEW200 非耐力壁はW150などと記入されているわ
Eは耐力の略でWは壁の略 そして数字は壁の厚さよ
非耐力壁
コンクリート躯体の亀裂・破損で有害なのはこの3つ
① 雨水が浸入し内部鉄筋にさびを発生させるもの
② 雨水が浸入し漏水現象を引き起こすもの
③ 過度な加重のためにたわんだもの
管理組合は建物を目視調査して耐力壁などの構造耐力上主要な部分と外階段・バルコニー・外廊下の床から茶色いさび汁を伴う亀裂を発見したら
さび汁だ！
10年はアフターサービス適用なので定期アフターサービスにこだわらずデベロッパーに補修の要求が必要ね
耐力壁も茶色いさび汁を伴わない亀裂と非耐力壁の壁から茶色いさび汁を伴う亀裂が発生した場合のアフターサービス期間は2年だから
2年
管理組合は非耐力壁の亀裂を2年目のアフターサービスで補修をしないといけないわ
さび汁が出てたそうです！
君からも何か出てるわよ

12

モルタルの浮きや亀裂

マンションを支える躯体は、まず鉄筋を組み立てて、その周りをコンクリートパネルで囲った型枠に、コンクリートを流し込んで造ります。コンクリートが固まり一定の強度に達すると、型枠を取りはずします。コンクリートの表面の精度誤差はつきもので、マイナス5㎜からプラス15㎜くらいの範囲内で施工します。

そこで、左官職人が「こて」を使ってモルタルを20㎜前後の厚さで塗ります。梁や床は水平に、壁や柱は垂直に、表面は平滑に仕上げます。モルタルは、セメント、砂、水を混ぜたものです。モルタルに砂利を加えるとコンクリートになります。

コンクリート躯体の表面に塗られたモルタルは直射日光の影響で伸張しようとしますが、下地のコンクリートはその伸びを拘束するように働きます。しかも、熱によるモルタルの伸縮率はコンクリートの約2倍となっています。このため、モルタルにせん断力が生じて亀裂することがあります。

このように、表面の仕上げ材のモルタルに亀裂・浮き・はがれが生じても構造耐力上の悪影響はありませんが、亀裂は見た目が悪いので、管理組合は外壁、柱、床などのモルタルに幅が0.3㎜以上の亀裂を目視したらデベロッパーに補修を依頼します。

モルタルの浮きや亀裂のアフターサービス期間は2年です。

コンクリート躯体の表面の精度に誤差はつきもの
そこで左官職人がモルタルを20㎜前後の厚さで塗って梁や床は水平に壁や柱は垂直に表面は平滑に仕上げるわ
モルタル
20㎜
コンクリート躯体
ちなみにモルタルはセメント・砂に水を混ぜたものでモルタルに砂利を加えたものがコンクリートよ
躯体の表面に塗られたモルタルは直射日光の影響で伸張するけど下地のコンクリートはその伸びを拘束するように働き
伸びる
拘束
モルタル
コンクリート
亀裂
モルタル
しかも熱によるモルタルの伸縮率はコンクリートの約2倍
そのためにモルタルにせん断力が生じて亀裂する場合があるの
表面仕上げ材のモルタルに亀裂・浮きはがれが生じても構造耐力上の悪影響はないけど亀裂は見た目が悪いわ
カッコワルイ…
だから管理組合は外壁・柱床などのモルタルに幅が0.3㎜以上の亀裂を目視したらデベロッパーに補修依頼するの
シャープペンシルの0.3㎜芯を差し込めばすぐわかるわ
モルタルの浮きや亀裂のアフターサービス期間は2年よ
あっまた芯が取れない！
学習能力ないなぁ…

13 毛細亀裂と軽微な破損とはどんな現象か？

コンクリート躯体や外廊下の床などから、鉄筋のさび汁を伴った亀裂、破損が生じたときのアフターサービス期間は10年です。そして、コンクリートやモルタルの亀裂、破損が生じたときのアフターサービス期間は2年です。ところが、管理組合が注意しなければならないのは、亀裂や破損が生じても毛細亀裂や軽微な破損のときはアフターサービスの適用除外となっています。

毛細亀裂は幅が0.3㎜未満の亀裂ということができます。マンションは高い耐震性を確保するために、大量の鉄筋を配筋して頑強な柱・梁を組み上げ、壁・床スラブを剛接合します。鉄筋はコンクリートの乾燥収縮を拘束する働きをするので、どうしても部分的な収縮ひび割れが発生しやすくなります。そして、厳しいひび割れ幅の制限を設けたとしても、技術と予算のバランスで採用する設計・材料・施工対策では限度があります。そこでデベロッパーは、乾燥収縮の亀裂の幅を0.3㎜未満に制御するようにしています。亀裂の幅が0.3㎜未満であれば、雨水とコンクリートの成分が反応してコンクリート内部への浸透を抑制できるといわれています。

それから、5㎜未満の破損を軽微な破損といいます。コンクリートの打設は、マイナス5㎜からプラス15㎜くらいの精度で施工しています。そして鉄筋からコンクリート表面までのかぶり厚さを、例えば、耐力壁の場合は建築基準法で3㎝以上と規制しているので、5㎜未満の軽微な破損が生じてもコンクリート内部の鉄筋に与える影響は極めて少ないということができます。

幅が0.3㎜未満の亀裂は毛細亀裂
そして5㎜未満の破損を軽微な破損というの
5㎜未満
0.3㎜未満
コンクリート躯体にどんなに厳しいひび割れ幅の制限を設けても
技術と予算のバランスで採用する設計・材料・施工対策では限度があるわ
ひび割れ幅制限
技術
予算
そこでデベロッパーは乾燥収縮の亀裂の幅を0.3㎜未満に制御するようにしてるの
その程度の亀裂の幅なら雨水とコンクリートの成分が反応して内部への浸透を抑制できるのよ
問題な〜い♪
そして鉄筋からコンクリート表面までのかぶり厚さは耐力壁の場合建築基準法で3㎝以上と規制してるから
かぶり厚さ3㎝以上
5㎜未満の軽微な破損は生じてもコンクリート内部の鉄筋に与える影響は極めて少ないといえるわ
5㎜未満は平気☆
ちま、
なので亀裂や破損が生じても毛細亀裂や軽微な破損のときは
アフターサービスの適用除外だから管理組合は注意が必要よ
先輩の化粧に毛細亀裂が…
うそっ！

14

タイルのひび割れや浮き

マンションの外壁はタイル張りが一般的な仕様になっています。外壁に使われている磁器タイルは吸水率も低く、劣化がほとんどないので耐久性はコンクリート躯体と同等程度です。昔は高級感を演出するために大型のタイルを使ったり目地がくっきりとわかる深目地が好まれていましたが、浮きや雨水の浸入対策から、現在では比較的小型で軽量の45二丁掛タイルが主流になっています。

タイルは、張り付けモルタルの接着力と目地の力でコンクリートに張り付いています。タイルで一番心配なのは、はがれて落ちることです。管理組合としては、はがれる前には必ず浮くので打診棒で叩いてタイルの浮きを調べます。固い金属的な音がしたら密着していて、ボーンというような鈍い音がしたら浮いています。

それと、コンクリートが乾燥収縮して亀裂すると、タイルも追従してひび割れを生じるときがあります。

施工上の問題ですが、灼熱の夏場にタイルを張るときに、コンクリートを十分に湿らさないでタイル張付用モルタルを塗ると、極度に乾燥したコンクリートがモルタルの水分を吸い込んでしまって、モルタルの接着力が弱まり、2年から3年後にタイルが剥落する場合があります。

タイルの亀裂、浮き、はがれのアフターサービス期間は2年です。けれども5年程度以内にタイルが落下したときは施工不良の可能性もあるので、管理組合はデベロッパーと交渉してみましょう。

外壁のタイルは張り付けモルタルの接着力と目地の力でコンクリートに張り付いてるの
タイルで一番心配なのははがれて落ちることよ
はがれる前には必ず浮くから管理組合は打診棒で叩いてタイルの浮きを調べるの
固い金属的な音なら密着していてボーンという鈍い音がしたら浮いてるわ
コンコン
ボーン
それとコンクリートが乾燥収縮で亀裂するとタイルも追従してひび割れを生じるときもあるわね
アウ
ピリリ
施工上の問題では灼熱の夏場にコンクリートを十分に湿らさないでタイル張付用モルタルを塗ると
カン
カン
湿ってナイヨ!
あちー
極度に乾燥したコンクリートがモルタルの水分を吸い込んで接着力が弱まり
2年から3年後にタイルが剥落する場合もあるわ
ポロ
ポロ
タイルの亀裂・浮き・はがれのアフターサービス期間は2年
ポロリ
5年以内
でも5年程度以内のタイル落下は施工不良の可能性もあるから管理組合はデベロッパーと交渉するべきね
ここは大丈夫な音ですね
ガーガンガー
もっと優しく叩きなさい!

15 目地のシーリング

コンクリートは乾燥収縮をしたり、直射日光の熱によって伸縮を繰り返すので、どうしても亀裂が生じやすい素材です。亀裂の発生を少なくするためには、水分の少ない生コンクリートを練りあげ、それを型枠に密実に充てんし、時間をおいてバイブレーターで締め固めます。

けれども、施工技術だけでは亀裂を防止するのは難しく、もっとも効果がある工法はコンクリートの表面の一部に弱い部分を意図的に作って、そこに亀裂を集中させることです。この弱い部分を「ひび割れ誘発目地《めじ》」といいます。ひび割れ誘発目地は幅が2㎝～3㎝程度の台形の溝をコンクリート表層部に刻み込むことで、非耐力壁では内部の横鉄筋を、目地に合わせて切断するときもあります。ひび割れ誘発目地には雨水が浸入しないように弾性シーリング材を充てんします。そして、ひび割れ誘発目地を設置する間隔は、マンションの外壁では3m程度が適当です。けれども、設計者によってはデザイン的なセンスからひび割れ誘発目地を設けない場合もあります。

ひび割れ誘発目地の表面を覆っている弾性シーリングに欠損はないか、ひび割れやはがれがないかを、管理組合は目視します。上層階部分のシーリングを地上から目視するときには双眼鏡を使うと効果的です。シーリングのアフターサービス期間は2年です。外壁のシーリング材が劣化して、そこから雨水が屋内に浸入したときは10年となります。

先の話ですが、管理組合は築10数年後の大規模修繕のときにシーリング材を打ち替えます。

コンクリートの亀裂防止にもっとも効果があるのは表面の一部に弱い部分を意図的に作ってそこに亀裂を集中させる工法よ　この弱い部分が「ひび割れ誘発目地」なの
幅が2㎝～3㎝程度の台形の溝をコンクリート表層部に刻み込む
シーリング材
ひび割れ誘発目地には雨水が浸入しないように弾性シーリング材が充てんしてあるわ
ひび割れ誘発目地を設置する間隔はマンションの外壁では3m程度だけど
3m
3m
管理組合は点検でひび割れ誘発目地の表面を覆っている弾性シーリングに欠損・ひび割れ・はがれがないか目視
上層階部分のシーリングを地上から目視するときには双眼鏡を使うと効果的ね
設計者のデザイン的センスから目地を設けない場合もあるの
目地なんて美しくナーイ!
設計者
シーリングのアフターサービス期間は2年　外壁のシーリング材が劣化して雨水が屋内に浸入した場合は10年よ
10年
先の話だけど管理組合は築10数年後の大規模修繕の際シーリング材を打ち替えるわ
可愛い子どこかにいないかな
何を目視してるのよ

16 外壁の窓周り

アルミサッシの窓枠は、コンクリート躯体に固定された鉄筋にアンカーを溶接して留め付けます。コンクリートと枠の周りにはモルタルを充てんします。それから、下枠などでモルタル充てんが難しい箇所は、あらかじめ窓枠の内側にモルタル詰めをしてから窓枠を取り付けます。そして、モルタルと窓枠の周囲を防水するためにシーリングを施します。

窓枠周囲の四隅は、コンクリートの乾燥収縮で亀裂が生じやすく、その亀裂部分から雨水が室内に浸入する場合があります。また、窓枠とモルタルの隙間や、シーリングの充てんが不十分な箇所から雨水が浸入するときがあります。

このほか、とくに北側の室内に多く見られますが、壁やプラスターボードが濡れている場合があります。外壁や窓枠周りから雨水が浸水したのか、結露が原因なのかを見分けることは難しいけれど、ほとんどは結露が原因です。水蒸気はキッチンやバスルームから大量に発生すると一瞬のうちに拡散し、温度の低い部屋で結露になります。やはり、結露対策は部屋を換気することが一番です。

管理組合は、窓枠周りのコンクリートに生じた亀裂や雨水が染みこんでいる跡を目視調査します。

外壁の窓枠周りから雨水が室内に浸入したときの、アフターサービス期間は10年です。

なお、結露の場合は設計図で指示しているとおりに壁に断熱材を施工していないなどの施工不良を別にすると、アフターサービスの適用除外となります。

窓枠周囲の四隅は
コンクリートの乾燥収縮で
亀裂が生じやすく
その亀裂部分から
雨水が室内に浸入する
場合があるの
ピキ
ピキ
ピキ
スキマ
窓枠とモルタルの隙間や
防水対策のシーリングの
充てんが不十分な箇所も
雨水が浸入してくるわ
管理組合は
窓枠周りの
コンクリートに
生じた亀裂や
雨水の染み跡を
目視調査
特に北側の室内に
多いのが壁や
プラスターボードが
濡れている場合よ
雨水？
結露？
外壁や
窓枠周りからの
雨水浸入なのか
結露なのかの
判断は難しいけれど
ほぼ結露が原因ね
水蒸気は
バスルームや
キッチンから
大量発生すると
一瞬のうちに
拡散して温度の
低い部屋で
結露になるわ
水蒸気
換気
ガラッ
結露対策は
部屋の換気が
一番よ
外壁の窓枠周りから雨水が室内に
浸入したときのアフターサービス
期間は10年だけど
10年
結露の場合は設計図の指示どおりに
壁に断熱材を施工してないなどの
施工不良を別にすると
アフターサービスの適用除外よ
ぜんぶ結露だって
言い張ったら
アフターサービス
しなくていいかな
悪徳業者か！

17 バルコニーの壁や床下、避難口

バルコニーは共用部分ですけれど、居住者が専用使用しています。だから管理組合が点検することはできないので、アンケート調査を実施します。それと、区分所有者（購入者）が専有部分の定期アフターサービスを受けるときにはバルコニーも点検するようにします。

バルコニーの部屋側の壁にはダクトを通してキッチンや、浴室、トイレの換気フードが取り付けてあります。それと、外から吸気するための換気フードも取り付けてあります。フード周りはきちんとシーリングがしてあるのか、フードから水滴がしたたり落ちていないかを点検します。水滴が落ちているようなら、専有部分の不具合ですが、ダクトに保温材が巻かれていない可能性があります。

ところで、バルコニーによっては避難ハッチが設置されています。ハッチとコンクリートの間のモルタルが密実に充てんされているか、ハッチ周りはシーリングが施されているかを点検します。バルコニーの手すり壁がコンクリートのときは、乾燥収縮や温度の変化のために天端に亀裂が入りやすいので、0.3㎜以上の亀裂をチェックします。

アフターサービス期間は、換気フードや避難ハッチの施工不良、壁の0.3㎜以上の亀裂は2年です。それから、バルコニーの床に鉄筋のさび汁を伴った長辺方向（バルコニーの手すり壁と平行）の亀裂が生じたときは、構造耐力上の影響があるので10年となります。

バルコニーは共用部分だけど居住者が専用使用してるから管理組合は点検できないのでアンケート調査を実施
やっほ〜
えーと
アンケート
でも専有部分の定期アフターサービスを受ける際にはバルコニーも点検するのよ
バルコニーの部屋側の壁にはダクトを通してキッチンや浴室・トイレそして外気の吸気用の換気フードが取り付けてあるの
換気フード
フード周りはシーリングしてあるかフードから水滴が垂れてないか点検
水滴なら専有部分の不具合だけれどダクトに保温材が巻かれていない可能性があるわ
ブル
ブル
保温材巻イテヨ〜
ポタポタ
避難ハッチはコンクリートの間のモルタルの充てんが密実か
モルタルはOK？
シーリングはOK?
避難はしご
ハッチ周りはシーリングが施されてるか点検
手すり壁がコンクリートだと乾燥収縮や温度変化で天端に亀裂しやすいから0.3㎜以上の亀裂をチェックよ
亀裂
アフターサービス期間は換気フード・避難ハッチの施工不良や0.3㎜以上の壁の亀裂は2年
2年
バルコニー床の手すり壁と平行の長辺方向に鉄筋のさび汁を伴う亀裂が生じた場合は構造耐力上の影響があるので10年よ
10年
あれ？どこに行った？
避難されました

18 雨樋や取付金具

屋上の雨水は、ルーフドレインから雨樋《あまどい》を通して1階の雨水枡《ます》に排水されます。この雨樋が屋上から地上まで一直線ならばいいのですが、1階が駐車場や店舗の場合には、2階部分で雨樋が大きく迂回しているときがあります。大雨時に、この迂回部分で雨水を排水しきれずに、外廊下の床などに溢れ出ることがあります。

マンションの外観は長方形のような単純な形が望ましいのですが、道路斜線や日影の規制で、斜壁やセットバックを多用した複雑な形態になることがしばしばあります。その場合は雨樋も複雑な経路となってしまい、横引きの雨樋の勾配が十分に取れていないときもあります。そして、雨樋が傾斜していたり、途中で曲がっていると、接続部分が外れてしまうことがあります。

それと、雨樋を支える支持金物が無理な力に耐えられずに曲がってしまうときもあります。

支持金具などの取付金具は、耐久性からみるとステンレスが優れていますが、鋳鉄《ちゅうてつ》のほうが衝撃にも強く剛性能力も高いので多用されています。取付方法は、①コンクリート打設前に鉄筋に溶接、②コンクリート打設後にアンカーボルトを打ち込み固定、③コンクリート躯体にビス留めなどの工法があり、要求される耐力から選択します。管理組合は雨樋の経路を点検し、雨樋の変形や外れがないかを調査します。それから、支持金物の周りのコンクリートに亀裂が生じていないかについても目視します。雨樋や取付金具のアフターサービス期間は2年です。

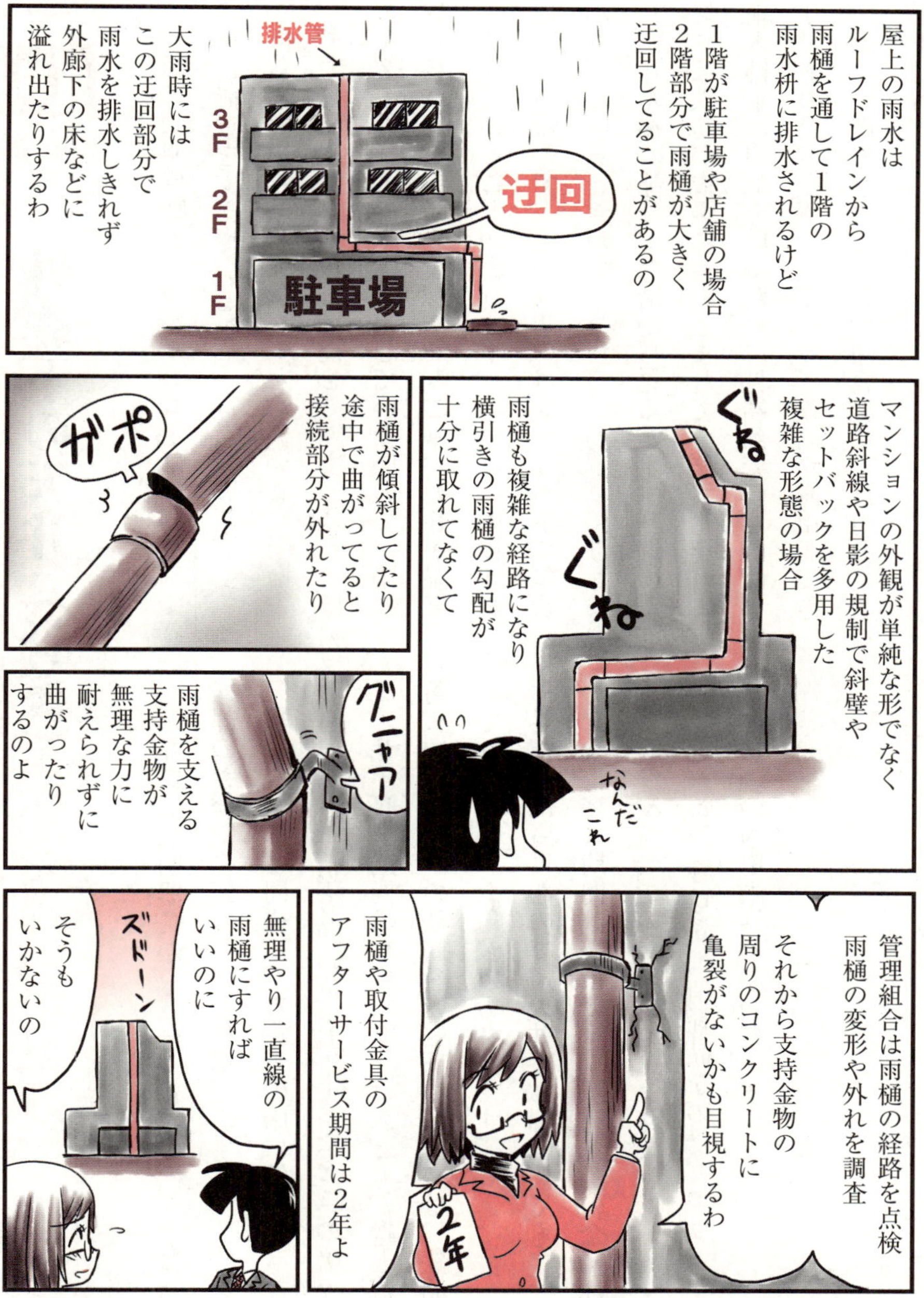
屋上の雨水は
ルーフドレインから
雨樋を通して1階の
雨水枡に排水されるけど
1階が駐車場や店舗の場合
2階部分で雨樋が大きく
迂回してることがあるの
排水管
3F
2F
1F
迂回
駐車場
大雨時には
この迂回部分で
雨水を排水しきれず
外廊下の床などに
溢れ出たりするわ
マンションの外観が単純な形でなく
道路斜線や日影の規制で斜壁や
セットバックを多用した
複雑な形態の場合
ぐね
ぐね
雨樋も複雑な経路になり
横引きの雨樋の勾配が
十分に取れてなくて
なんだこれ
ガポ
雨樋が傾斜してたり
途中で曲がってると
接続部分が外れたり
グニャア
雨樋を支える
支持金物が
無理な力に
耐えられずに
曲がったり
するのよ
管理組合は雨樋の経路を点検
雨樋の変形や外れを調査
それから支持金物の
周りのコンクリートに
亀裂がないかも目視するわ
2年
雨樋や取付金具の
アフターサービス期間は2年よ
無理やり一直線の
雨樋にすれば
いいのに
ズドーン
そうも
いかないの

19

外廊下の天井（軒裏）

外廊下《そとろうか》（開放廊下）やバルコニーは片側だけで自重と荷重を支えているので、はねだし床とか、片持ち梁、キャンティレバーともいいます。

まず、天井（軒裏《のきうら》）を目視してみましょう。ほとんどの外廊下の床は防水していないので、雨水が上階の床スラブを通して染みこみ、天井が湿気を帯びていることがあります。それに、雨樋が貫通しているので、その周辺のコンクリートに亀裂が生じているときがあります。

天井先端の部分（上階から見ると手すり壁の下部）は鉄筋が複雑に組み込まれています。それに、雨水排水の勾配を取るために先端部分ほどコンクリートの厚さを薄くしてあり、鉄筋が露出してさびやすい部分なので、管理組合はよく注意して目視します。

天井には照明器具が取り付けられているので、鉄部のさびや塗装の劣化を目視します。

バルコニーと同様に、外廊下の床に鉄筋のさび汁を伴った長辺方向の亀裂が生じたときのアフターサービス期間は10年です。けれども、壁と直角（短辺方向）の鉄筋や先端部については、鉄筋のさび汁を伴った亀裂でも2年です。

外廊下は屋外なので、天井から漏水してもアフターサービス期間は2年です。照明器具の金属部分のさびや塗装のムラも同様に2年です。

それから、管球類は消耗品なので、アフターサービスの適用除外となっています。

外廊下の軒裏を目視してみましょう
ほとんどの外廊下の床は防水してないので雨水が上階の床スラブを通して染みこみ天井が湿気を帯びたり雨樋が貫通してるので周辺のコンクリートに亀裂が入ることもあるわ
ジワ
ジワ
上階から見て手すり壁の下部天井先端の部分は鉄筋が複雑に組み込まれ
雨水排水の勾配のために先端部分ほどコンクリートの厚さが薄く鉄筋が露出してさびやすい部分なので管理組合は注意して目視してね
お
イヤーン
天井には照明器具が取り付けてあるので鉄部のさびや塗装の劣化も目視するの
サビてないかな？
外廊下の床の長辺方向に鉄筋のさび汁を伴う亀裂が生じた場合のアフターサービス期間は10年
でも壁と直角の短辺方向の鉄筋や先端部については鉄筋のさび汁を伴う亀裂でも2年になるわ
10年
2年
2年
外廊下は屋外なので天井から漏水しても期間は2年照明器具の金属部分のさびや塗装のムラも同様に2年
管球類は消耗品なのでアフターサービスの適用除外よ
2年
異常ありませーん
どこから顔出してるの！

20 外廊下の壁

外廊下の躯体側の壁はマンションの仕様によって、タイルか吹き付けタイルの仕上げとなります。吹き付けタイルの施工は、タイルといってもリシンなどの仕上げ材をコンプレッサーで吹き付けるので、塗装工事のようなものです。

外廊下は方位が北向きの場合が多く、とくにコの字型に配棟されているマンションで、日中でも暗い場所があるときは、管理組合が照明設備のタイマーの時間設定を現状に合わせて変更します。

それと、居室が外廊下側にもあると、窓があり、アルミの格子がはめられているので取付不良や、点状に腐食（点食《てんしょく》）していないかを目視します。

それから、エレベーターから外廊下に向かうコーナー（出隅《ですみ》）が欠けていたり汚れていたりしている場合があります。原因が引っ越し作業のときに台車や家具が接触して生じることも多く、この場合はアフターサービスの対象外となってしまいます。

外廊下の躯体側の壁は手が届くので、管理組合が打診棒でタイルやコンクリートに浮きがないかを調査してみます。外廊下の壁に浮きがないからといって、雨や直射日光が当たる外壁にも浮きがないとはいえませんが、同じタイル業者が施工しているので、少しは参考になります。

外廊下の躯体側の壁が耐力壁の場合で、鉄筋のさび汁を伴った亀裂が生じたときのアフターサービス期間は10年です。コンクリートの亀裂や、壁のタイル・吹き付けタイルの浮き、はがれは2年です。窓枠や格子《こうし》のアルミの点食や取付不良のアフターサービス期間は2年です。

マンションの外廊下は北向きが多く特にコの字型の配棟で日中でも暗所がある場合
クライヨ〜
管理組合は照明設備のタイマーの時間設定を現状に合わせて変更するの
居室が外廊下側にもあると窓がありアルミの格子がはめられているので
取付不良や点状に腐食していないかを目視するわ
エレベーターから外廊下に向かうコーナーの欠けや汚れは
引っ越し作業のときの台車や家具の接触で生じることも多く
原因がその場合はアフターサービスの対象外
ガン
あ
外廊下の躯体側の壁は手が届くので管理組合が打診棒でコンクリートやタイルの浮きを調査してみるの
コンコン
外廊下の壁に浮きがないからって雨や直射日光の当たる外壁も浮きがないとはいえない
同じだし…
でも施工は同じタイル業者だから少しは参考になるわ
外廊下の耐力壁に生じた鉄筋のさび汁を伴う亀裂のアフターサービス期間は10年
コンクリートの亀裂や壁のタイル・吹きつけタイルの浮き・はがれ窓枠や格子のアルミの点食取付不良の期間は2年よ
10年
2年
コーナーで足をぶつけた…
えっ！大丈夫？コーナーは無事？

21

外廊下の床

外廊下の床には歩行音を低下させ、滑りにくくするために長尺塩《ちょうじゃくえん》ビシートが張ってある仕様が一般的です。躯体側の端部がきちんとシールされているかを目視しましょう。それと、長尺塩ビシートの継ぎ目部分は溶接してあるので、はがれや裂け目がないかを目視します。

外廊下の躯体側に窓があり、エアコンが設置されているときは、その結露水を排水するために床に設けられているドレイン配管や溝が目詰まりしていないかを目視します。エアコンの結露水の対策を全くしていない床も散見されますが、それはコストと仕様の問題です。

それから、外廊下は吹き込んだ雨水を排水するために外側に傾斜（外勾配《そとこうばい》）しています。雨の日の翌日に外廊下の床を点検して水溜まりがないかを調べます。

また、外廊下から、ルーフバルコニーや屋上に簡単に侵入される恐れのある場合は、回り込みや乗り越え防止の柵やパネルが設置してあるかを確かめてみます。

長尺塩ビシートのはがれや裂け目、床の排水溝の施工不良のアフターサービス期間は2年です。

ところで、外廊下からルーフバルコニーに簡単に侵入できるような場合は、設計上の防犯対策の問題です。施工の不具合を補修するのがアフターサービスという考え方をすると適用除外という判断もできますが、管理組合としては、デベロッパーと費用を折半するなどの提案も含めて、格子《こうし》や柵《さく》、パネルを追加設置するように交渉してみます。

外廊下の床は歩行音の低下と滑り止めのために長尺塩ビシートが張ってある仕様が一般的よ
点検は躯体側の端部がきちんとシールされているか
シートの継ぎ目部分は溶接しているからはがれや裂け目がないか目視するの
外廊下の躯体側に窓がありエアコンが設置されてる場合
その結露水を排水するために床に設けられたドレイン配管や溝に目詰まりがないかを目視
ドレイン
外廊下は吹き込んだ雨水を排水するため外勾配してるから
雨の日の翌日に外廊下の床を点検し水溜まりがないか調べるの
水溜まり！
たぷん
長尺塩ビシートのはがれや裂け目床の排水溝の施工不良のアフターサービス期間は2年よ
2年
外廊下から容易にルーフバルコニーや屋上に侵入される恐れがある場合は
回り込みや乗り越え防止の柵パネルが設置してあるかを確認
ぐぬぅ
施工の不具合補修がアフターサービスだから設計上の防犯対策に問題があっても適用除外の判断はできるけれど
管理組合はデベロッパーと費用折半などの提案も含め格子や柵・パネルを追加で設置する交渉をするべきね
できれば有刺鉄線や高圧電流も
それはやりすぎじゃない？

22

外廊下の手すり

手すり壁（腰壁《こしかべ》）は、床からコンクリートを立ち上げた壁状のものと、アルミの格子や、ガラスを取り付けたものがあります。コンクリートの手すり壁は天端《てんば》に亀裂が入りやすいので、幅が0.3㎜以上の亀裂が生じているのを目視したら、管理組合はデベロッパーに補修を依頼します。手すり壁にも、ひび割れ誘発目地が約3ｍの間隔で施されている場合があるので、目地のシーリングの打ち込み具合を確かめます。また、手すり壁にはお年寄りのために歩行補助用の丸棒の手すりが付いていることがあります。床から75㎝程度の高さに設置されているので、ぐらつきがないかを手で押してみて確かめます。

アルミ製の手すり格子《こうし》は笠木《かさぎ》（最上端のカバーの部分）や支柱、中受け格子から雨水が浸入して、基礎部分に水が溜まり、アルミを点食させることがあるので注意します。支柱はコンクリートに直径5㎝程度の穴を空けて6㎝くらいの深さで差し込み、エポキシ樹脂ボンドで固定する仕様もあるので、ぐらつきがないかを点検します。それから、支柱を埋め込んだ周りのコンクリートによくひび割れが生じるので注意深く目視します。

ガラス製の手すりは、アルミ格子の代わりにガラスをはめ込んだもので、割れたときの飛散防止として、フイルムを張ってあったり、網入りガラスを使用しているときもあります。

手すり壁は耐力壁ではないので、亀裂などのアフターサービス期間は2年です。

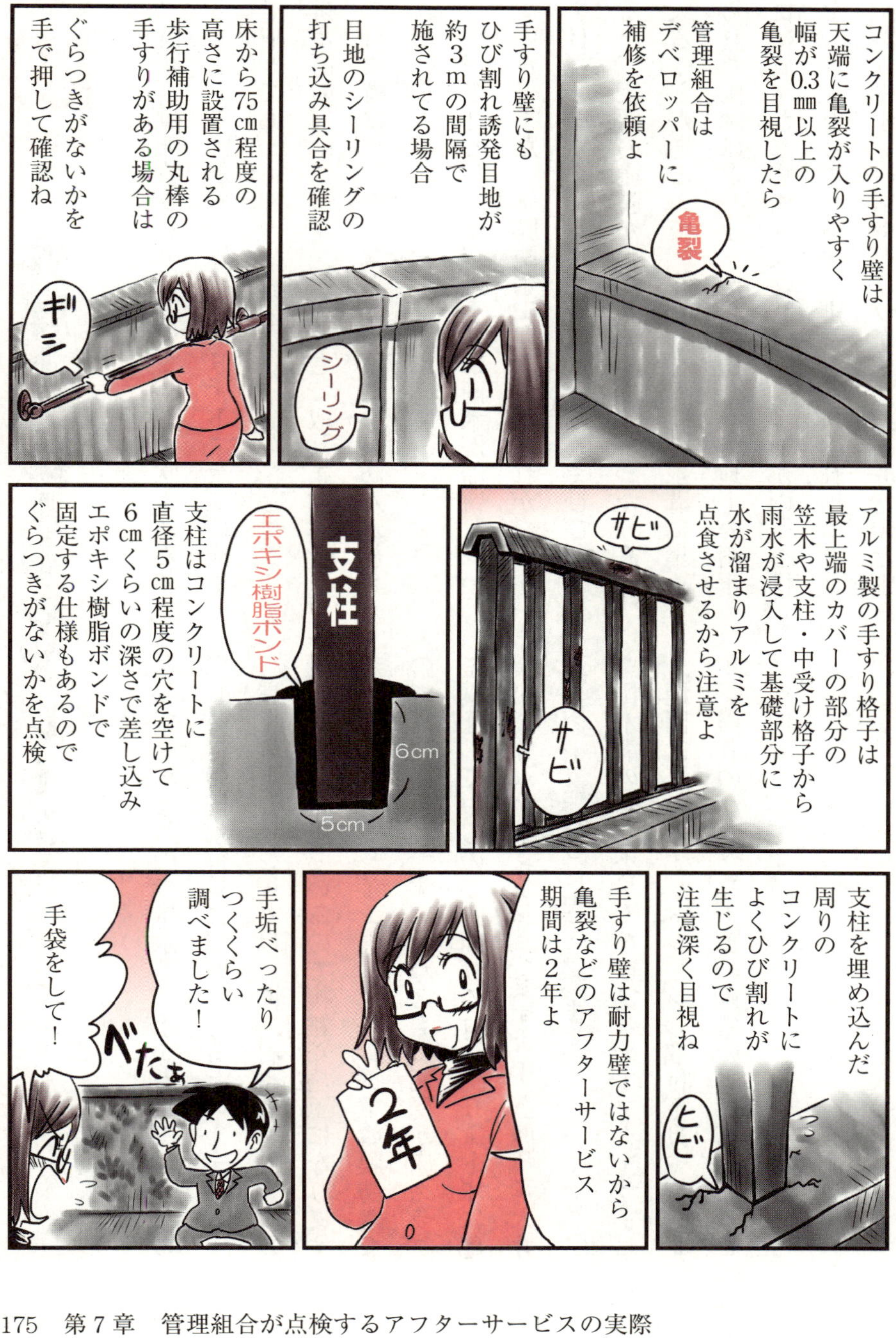
コンクリートの手すり壁は天端に亀裂が入りやすく幅が0.3㎜以上の亀裂を目視したら
管理組合はデベロッパーに補修を依頼よ
亀裂
手すり壁にもひび割れ誘発目地が約3mの間隔で施されてる場合
目地のシーリングの打ち込み具合を確認
シーリング
床から75㎝程度の高さに設置される歩行補助用の丸棒の手すりがある場合は
ぐらつきがないかを手で押して確認ね
ギシ
アルミ製の手すり格子は最上端のカバーの部分の笠木や支柱・中受け格子から雨水が浸入して基礎部分に水が溜まりアルミを点食させるから注意よ
サビ
サビ
支柱
エポキシ樹脂ボンド
支柱はコンクリートに直径5㎝程度の穴を空けて6㎝くらいの深さで差し込みエポキシ樹脂ボンドで固定する仕様もあるのでぐらつきがないかを点検
6cm
5cm
支柱を埋め込んだ周りのコンクリートによくひび割れが生じるので注意深く目視ね
ヒビ
手すり壁は耐力壁ではないから亀裂などのアフターサービス期間は2年よ
2年
手垢べったりつくくらい調べました!
べたぁ
手袋をして!

23

外廊下の排水溝やドレイン

外廊下は開放されているので、雨が吹き込んできます。外廊下の床はコンクリートスラブに傾斜を取ってあって雨水は排水溝に流れていきます。排水溝の勾配はモルタルの厚さで取ります。そして排水溝はウレタンなどで表面に塗膜《とまく》防水が施されています。

管理組合としては、排水溝に雨水が滞留していないか、また、塗膜防水に浮きやはがれがないかを目視します。モルタルが乾燥収縮してひび割れると、表面の塗膜が追従してシワが寄ったり筋が入ることがあるので、注意します。排水溝に集められた雨水はドレインから雨樋《あまどい》を経て地上の雨水枡に放流されます。大雨時にドレインが雨水を排水しきれないで、雨水が排水溝から溢れ出ることがあります。台風やゲリラ豪雨などの非常時は別として、日常の雨で排水溝に水が溢れるようなら、ドレインの排水容量に問題があるといえます。

屋上のドレイン周りは、断熱材や防水層、モルタルが入り組んでいるので複雑な施工になりますが、外廊下のドレイン周りはウレタン塗膜防水なので構造は単純です。けれども、雨樋が床スラブを貫通しているので、周りのコンクリート床に亀裂が入りやすくなっています。床と同時に天井（軒裏《のきうら》）の亀裂も目視で調べます。

排水溝の勾配不足やひび割れのアフターサービス期間は2年です。ドレインの取付不良や、ドレイン周りのコンクリートの亀裂のアフターサービス期間も2年です。

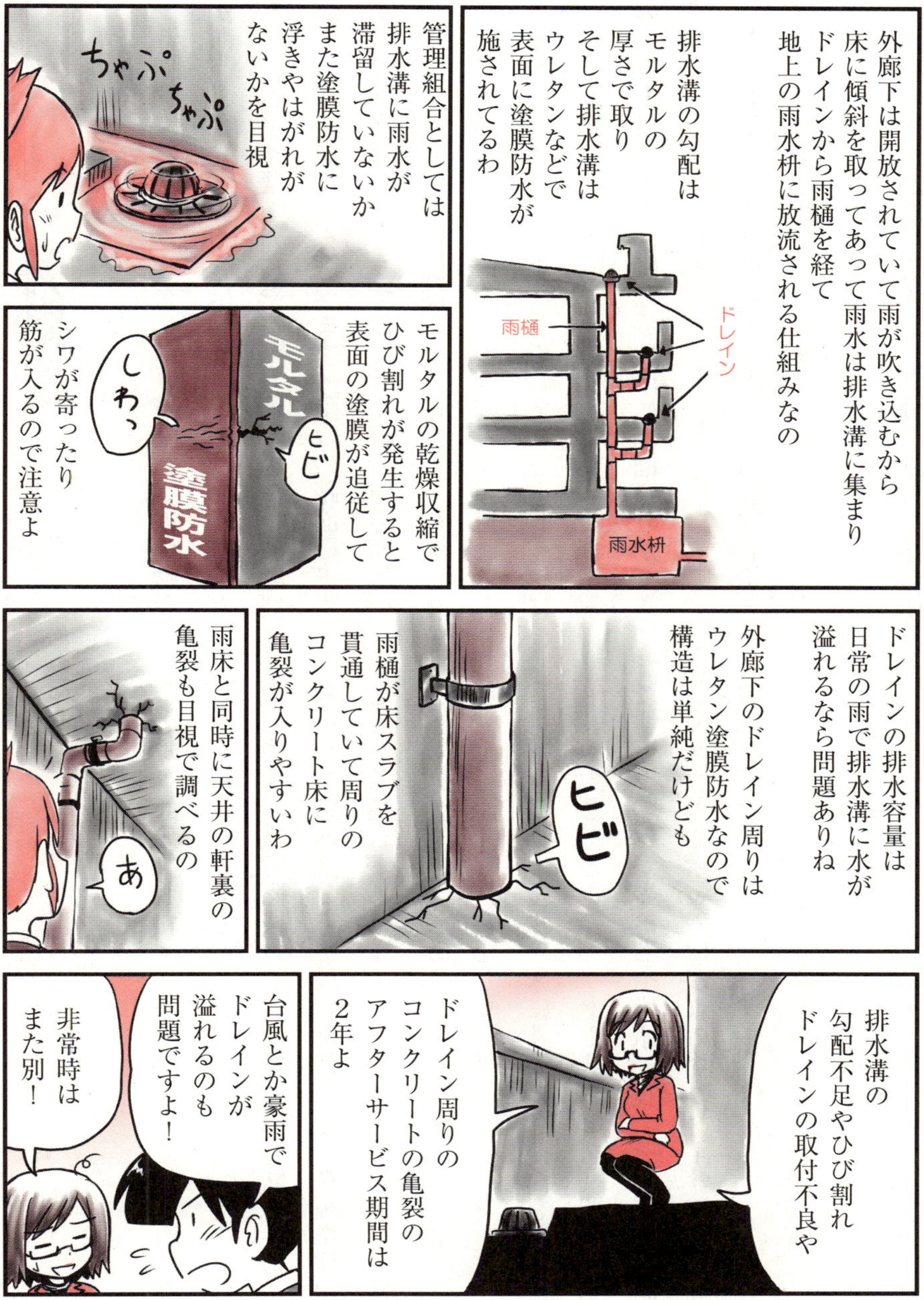
外廊下は開放されていて雨が吹き込むから
床に傾斜を取ってあって雨水は排水溝に集まり
ドレインから雨樋を経て
地上の雨水枡に放流される仕組みなの
排水溝の勾配は
モルタルの
厚さで取り
そして排水溝は
ウレタンなどで
表面に塗膜防水が
施されてるわ
ドレイン
雨樋
雨水枡
ちゃぷ
ちゃぷ
管理組合としては
排水溝に雨水が
滞留していないか
また塗膜防水に
浮きやはがれが
ないかを目視
モルタルの乾燥収縮で
ひび割れが発生すると
表面の塗膜が追従して
シワが寄ったり
筋が入るので注意よ
モルタル
塗膜防水
ヒビ
しわっ
ドレインの排水容量は
日常の雨で排水溝に水が
溢れるなら問題ありね
外廊下のドレイン周りは
ウレタン塗膜防水なので
構造は単純だけども
雨樋が床スラブを
貫通していて周りの
コンクリート床に
亀裂が入りやすいわ
ヒビ
雨床と同時に天井の軒裏の
亀裂も目視で調べるの
あ
排水溝の
勾配不足やひび割れ
ドレインの取付不良や
ドレイン周りの
コンクリートの亀裂の
アフターサービス期間は
2年よ
台風とか豪雨で
ドレインが
溢れるのも
問題ですよ!
非常時は
また別!

24

外階段

外階段には鉄筋コンクリート階段と、鉄骨階段があります。管理組合は鉄筋コンクリート造のときは、手すり壁の天端《てんば》や腰壁《こしかべ》、踊り場の床に亀裂が生じていないかを調べます。階段の踏面はモルタルで仕上げてありますが、仕上げの厚さが薄いうえに、乾燥収縮や温度差、人の通行で亀裂が生じやすい部位です。それから、階段から流れ落ちた雨水は各階の踊り場に設置してあるドレインに集めて雨樋《あまどい》で排水するようになっているので、雨の日の翌日に各階の踊り場の床に水溜まりができていないかを点検します。

鉄骨階段は、さび止めのためにどぶ漬け亜鉛《あえん》メッキで表面を処理している場合もあります。どぶ漬け亜鉛メッキは、さびに対しては塗装よりもはるかに耐久性がありますが、鉄骨と鉄骨を接合するボルト部分などでメッキがはがれてしまい、さびが発生することがあるので、接合部分をよく目視します。鉄骨階段は足音が響くので防音性能を考慮して踏面部分に工場で製作したPC板を使用している場合があります。工場製品なので信頼性は高いけれど、鉄筋が露出しているときがあるので、しっかりと目視をします。

コンクリート階段の床に鉄筋のさび汁を伴った亀裂が生じたときのアフターサービス期間は10年です。このほかの亀裂や排水不良、そして鉄骨階段のメッキや塗装のはがれのアフターサービス期間は2年です。

外階段にはRC造階段
つまり鉄筋コンクリートの
階段と鉄骨階段とがあるわ
管理組合は
RC造の階段の場合
手すり壁の天端や
踊り場の床に亀裂が
生じていないかを調査
亀裂
階段の踏面は
モルタル仕上げだけど
仕上げの厚さが薄く
乾燥収縮や温度差
人の通行で亀裂が
生じやすい部位なの
階段から流れた雨水は
各階の踊り場設置の
ドレインに集まるから
ゴポ
雨の日の翌日に
各階の踊り場の床に
水溜まりがないか点検
鉄骨階段は足音が
響くから防音を考慮して
床部分にPC板を使う
場合があるの
プレキャスト
コンクリート板
工場製品なので
信頼性は高いけど
鉄筋が露出してる場合が
あるので注意して目視
さび止めに鉄骨階段を
塗装よりはるかに
耐久性の高い
どぶ漬け亜鉛メッキで
表面処理してる場合
サビ
鉄骨と鉄骨を接合する
ボルト部分などで
メッキがはがれ
さびの発生があるので
接合部分をよく目視よ
RC造の階段床に
生じた鉄筋の
さび汁を伴う亀裂の
アフターサービス
期間は10年
このほかの
亀裂や排水不良
そして鉄骨階段の
メッキや塗装の
はがれは2年よ
10年
2年
君が頑張ってる姿の
メッキのはがれは
適用除外ね

25 エントランスの天井・壁・床

エントランスはマンションの顔です。順に見ていくと、①エントランスへの階段やアプローチ、②玄関ホール、③風除室《ふうじょしつ》、④エントランスホールとなっています。

エントランスへの階段やタイル張りのアプローチの基礎には杭を打っていないのが一般的です。ところがマンションの建物部分には杭が支持層まで打ってあります。だから、建物部分は沈下しませんが、アプローチ部分が時の経過とともに沈下して、建物とアプローチのジョイント部分に亀裂が入る場合があるので、管理組合は注意して目視します。

玄関ホールは雨や風が吹き込む部分です。勾配を取って雨水を排水するようになっているので、水溜まりができていないかを雨が降った翌日に目視します。風除室には、オートロック操作盤や宅配ロッカー、水道の集合メーターなどが設置されています。

床の仕上げ材は大理石や御影石《みかげいし》、そして磁器タイル、硬質塩ビタイルなどがあります。石やタイルに浮きやはがれ、亀裂、割れがないかを目視します。壁も大理石や御影石、そして磁器タイルの仕上げとなっています。天井は吸音石膏《きゅうおんせっこう》ボードや石膏ボードに吹き付け塗装して仕上げています。たわみやゆがみ、雨漏りの跡がないかを目視します。

エントランスの天井・壁・床仕上げ材の亀裂や浮きのアフターサービス期間は2年です。

けれども、引っ越し作業などで傷をつけたときはアフターサービスの適用除外となります。

マンションの顔
エントランスの点検よ
マンションの建物部分には杭が支持層まで打ちこんであるので沈下しないけど
アプローチ
杭
杭
杭
支持層
エントランスへの階段やタイル張りのアプローチは建物と違って基礎に杭を打ちこんでいないから
そのためにアプローチの部分だけが時の経過とともに沈下して建物とアプローチのジョイント部分が亀裂する場合があるので管理組合は注意して目視
ズブズブ
亀裂
玄関ホールは雨や風が吹き込む場所で勾配を取って雨水を排水する仕組みだから
水溜まり
水溜まりがないかを雨の日の翌日に目視
壁や床は大理石や御影石そして磁器タイル等で仕上げられているの
不具合ないかな〜?
石やタイルに浮きやはがれ・亀裂・割れがないかを目視
天井は吸音石膏ボードや石膏ボードに吹き付け塗装仕上げよ
ジワーン
たわみやゆがみ雨漏りの跡がないかを目視
エントランスの天井・壁床仕上げ材の亀裂や浮きのアフターサービス期間は2年よ
引っ越しなどでついた傷は適用除外ね
やめて〜
ガリガリガリガリガリガリ

26

メールコーナー、オートロックドア

メールコーナーは、風除室から配達員が手紙等を投函することができ、居住者はエントランスの内側から手紙を受けとれる動線が望ましいといえます。コンクリート壁とメールボックスの間のシールに抜けがないかとか、それぞれのメールボックスが不揃いに設置されていないかを目視します。

最近のマンションのエントランスには、電気錠によるオートロックドアが設置されています。オートロックドアは、ドアとドアの隙間や、ドアと床の隙間に紙を差し込んで解錠できる場合もあるので、注意が必要です。また、外部の人が入居者と一緒に入り込むこともあるので、オートロックドアだけでは完全な防犯はできません。防犯の基本は専有部分の玄関扉の鍵や、窓の鍵をきちんと掛けることです。

管理組合は、メンテナンスの専門業者から定期的にオートロックドアの点検を受けることが必要です。それから、停電になったときのオートロックドアの開け方を確認しておく必要があります。

メールコーナー設置やボックスの開閉不良のアフターサービス期間は2年です。

なお、オートロックドアのアフターサービス期間も2年ですが、定期点検を受けていないときはアフターサービスの適用除外となることがあります。これは、自動ドアは半屋外で使用され、湿度、温度、虫、ゴミ、汚れの影響で故障する可能性があるので、定期点検を受けることを前提にして設置されているからです。この点検を法律で強制された法定点検と区分して、保守点検といいます。

メールコーナーはコンクリート壁とメールボックスの間のシールに抜けがないか
シール抜け
設置不揃い
それぞれのメールボックスの設置が不揃いでないかを目視
メールコーナー設置やボックスの開閉不良のアフターサービス期間は2年よ
最近のマンションのエントランスには電気錠によるオートロックドアが設置されてるわ
オートロックドアはドアとドアの隙間やドアと床の隙間に紙を差し込んで解錠できる場合もあるので注意が必要よ
防犯の基本は専有部分の玄関扉の鍵や窓の鍵をきちんと掛けることね
定期点検
管理組合はメンテナンスの専門業者からオートロックドアの定期点検を受ける必要があるわ
停電時のドアの開け方を確認する必要もあるわね
オートロックドアのアフターサービス期間も2年だけど定期点検を受けてないと適用除外になることがあるわ
それは自動ドアが半屋外使用で湿度・温度・虫・ゴミ・汚れの影響で故障の可能性があり定期点検が前提の設置だからよ
この点検は法定点検と区分して保守点検というの
捕手じゃないぞ

27 防犯カメラ

管理室にはモニターテレビが設置してあり、防犯カメラが作動しているマンションが増加しています。録画機能も向上していて、録画モードにもよりますが1週間程度の録画も可能です。普段は管理員がモニターを見ていて、不審者が侵入していないかを監視しているマンションもあります。

管理組合が実際にモニターや録画を見るときは、空き巣泥棒などの事件があったときに限られるようです。そして泥棒も後ろ向きに入り込んで顔が写らないようにしたり、カメラの死角を探し出して身体の一部しか写らないようにするなど、ずるがしこくなっています。

防犯カメラは、エレベーター、エントランスのオートロックドア、エントランス以外の出入り口、メールコーナー、駐車場、駐輪場などに設置しますが、立地条件やマンションのグレードにより設置箇所や台数は様々です。アフターサービス期間は2年ですが、アフターサービスは現在設置されている機器に不具合があるときに無償補修する制度なので、管理組合が防犯カメラの設置箇所を増加するように要求してもデベロッパーは簡単には応じません。

管理組合としては、防犯カメラの角度を変えて死角を減らすようにしたり、画質を調整して長時間録画するのか、短時間でもいいから鮮明な画質にするのかを指示するようにします。空き巣泥棒や駐車場荒らしが続くようなら、照明設備や防犯カメラの増設を検討する必要がありますが、この費用は管理組合の負担となってしまいます。

エントランスのオートロックドア
エントランス以外の出入り口
メールコーナー
エレベーター
駐車場・駐輪場
ジー
防犯カメラの設置場所はこういう場所などだけど立地条件やマンションのグレードによって設置箇所や台数は様々よ
管理組合が実際にモニターや録画を見るのは空き巣泥棒など事件があったときに限られるわ
泥棒も後ろ向きで侵入したりカメラの死角を探し出して身体の一部しか写らないようにしたりするなど狡猾よ
このやろ…
管理組合としては防犯カメラの角度を変えて死角を減らすようにしたり
画質を調整して長時間録画か短時間でも鮮明な画質にするかを指示するの
長
短
アフターサービス期間は2年だけどアフターサービスは現在設置されてる機器の不具合の無償補修制度なので
設置増加！
ダメ
管理組合が防犯カメラの設置箇所増加の要求をしてもデベロッパーは簡単には応じないわ
空き巣泥棒や駐車場荒らしが続くようなら照明設備や防犯カメラの増設を検討する必要があるけど
この費用は管理組合の負担になるわね
組合
カメラで遊ぶな！

28

電気設備

マンションの電気設備のうち、電力会社が無償で借りて、高圧から低圧への変圧器や電力ヒューズを設置している部屋を借室《しゃくしつ》電気室といいます。この部屋は電力会社が管理をしているので、管理組合は立ち入ることができません。この借室電気室から分岐して、自家用電気室の変電設備に電気が供給されます。さらに、自家用変電設備からエレベーターなどの動力系統と照明・コンセント系統に分けて配電されます。

管理組合が自家用電気室に立ち入るのは稀ですが、室内に入ったら、天井、床、壁のコンクリートに亀裂や漏水の跡がないかを目視します。部屋全体を防音していることもありますが、異音を発していないかに注意します。動力幹線盤や電灯幹線盤にさびや塗装のはがれがないかを目視します。

また、屋上などには停電時に火災が発生したときの非常措置として、屋内消火栓やスプリンクラーを作動させるための非常用の自家発電設備があります。高圧（600V超）で受電する自家用電気室の変電設備（自家用電気工作物）や自家発電設備は、電気主任技術者の点検を受けなければなりません。

電気配線の破損や結線《けっせん》不良《ふりょう》のアフターサービス期間は5年で、電気設備は2年となっています。けれども、電気設備は減価償却資産の耐用年数をみても15年となっているし、電気設備がもしも竣工後5年程度で作動不良になったときは、管理組合はデベロッパーと協議してみます。

管理組合が自家用電気室に
立ち入るのは稀だけど
室内に入ったら天井・床・壁の
コンクリートに亀裂や
漏水の跡がないかを目視
発電設備
シーン
部屋全体が
防音されてる
こともあるけど
異音が発生して
いないかを注意
動力幹線盤や
電灯幹線盤に
さびや塗装の
はがれがないか
目視するの
屋上などには停電時に
火災が発生したときの
非常措置として屋内消火栓や
スプリンクラーを作動させる
非常用の自家発電設備があるわ
発電！
600V超の高圧で受電する
自家用電気室の
変電設備や発電設備は
電気主任技術者の点検を
受けなければならないの
点検シマ～ス
電気配線の破損や結線不良の
アフターサービス期間は5年
電気設備は2年
でも電気設備は
減価償却資産で
耐用年数でも
15年だし
電気設備が
もしも竣工後
5年程度で
作動不良に
なったときは
管理組合は
デベロッパーと
協議するべきね
まだ5年なのにぃ～
自家発電設備って
こういうのだと
思ってました
うおおおお
あのね…

29 ガス設備

都市ガスの配管は、道路の下に埋設されている地中ガス本管から分岐して、マンションの敷地内に引き込みます。そして、ガス遮断機《しゃだんき》を通過してから、マンション躯体内のパイプスペースを経由して、各住戸のメーターボックス内のガスメーターに接続しています。

ガス配管の所有関係をみると、地中ガス本管から敷地内のガス遮断機までが東京ガスや大阪ガスなどのガス供給会社の所有です。そして、ガス遮断機から各戸のガスメーターまでの配管は区分所有者の共有になるので、管理組合が管理します。ガスメーターはガス供給会社からの貸与品で、ガスメーターから給湯器などへの配管やガス機器は区分所有者の所有です。

ガス管や管継手の材質、配管工事はガス事業法やガス会社が規定する材料や工法で行っています。高さが60m以上の超高層マンションではガス配管が耐震仕様になっています。そして、ガス配管が破損したときのアフターサービス期間は5年となって、給湯器などのガス機器は2年です。

ところで、地震や地震の振動による影響のために地表付近の砂質土が固体から液体の性質に変化する液状化現象でガス配管が破損してしまう場合があります。この場合は、残念ながら天災地変による不可抗力なのでアフターサービスの適用はありません。

管理組合は、天災地変でガス配管などの共用部が破損した場合、区分所有者がマンションを購入した際に納めた修繕積立基金や月々の修繕積立金から補修費を捻出します。

ガス配管の所有関係は
地中ガス本管から
敷地内のガス遮断機まで
ガス供給会社の所有
ガス遮断機から各戸の
ガスメーターまでの配管は
区分所有者の共有なので
管理組合が管理するの
管理組合が管理
区分所有者所有
ガス会社所有
M
ガス栓
ガスメーター
道路
地中ガス本管
遮断機
ガスメーターは
ガス供給会社からの貸与品
ガスメーターから給湯器
などへの配管やガス機器は
区分所有者の所有よ
ガス管や管継手の材質
配管工事はガス事業法や
ガス会社が規定する
材料や工法で行うの
高さが60m以上の
超高層マンションでは
ガス配管が耐震仕様よ
60m
耐震仕様ガス管
ガス配管の破損での
アフターサービス
期間は5年
給湯器などの
ガス機器は2年ね
5年
2年
地震の影響により
地表付近の砂質土が
個体から液体の
性質に変化する
液状化現象で
ガス配管が破損する
場合があるけど
適用除外
この場合は
天災地変による
不可抗力なので
残念だけど
アフターサービスの
適用はないわ
管理組合は天災地変で
ガス配管などの
共用部が破損した場合
区分所有者が
マンション購入の際に
納めた修繕積立基金や
月々の修繕積立金から
補修費を捻出するのよ
補修
積立金
ん?何か
くさい…
ガス漏れ
ですかね

30 給水設備

給水施設は、道路に埋設されている水道本管から第一止水弁までを、地方自治体などの供給事業者が管理しています。第一止水弁から各住戸の水道メーターに接続する配管までが区分所有者の共有なので、管理組合が管理をしています。そして、水道メーターからキッチンや給湯器までの配管を区分所有者が所有しています。

マンションで最も簡単で衛生的な給水方式は、水道本管から引き込んだ水を直接に各階の各住戸に給水する方式です。それから、一旦、1階か地階の受水槽に貯水してから、加圧して直接に各住戸に給水する方式があります。また、1階の受水槽からポンプで屋上に設置した高置《こうち》水槽に揚水《ようすい》し、水の重力で各戸の住戸に給水する方式もあります。受水槽と高置水槽の衛生的な管理は管理組合が行います。受水槽方式の揚水ポンプは予備機も入れて2台以上必要となります。

給水管の漏水や破損のアフターサービス期間は5年です。したがって、受水槽の漏水や破損も5年ということができます。けれども、給水管を覆っている保温材のはがれや脱落は2年となっています。そして、揚水ポンプの取付不良や作動不良も2年となっています。

管理組合としては、受水槽や高置水槽と配管の接続部分から漏水が生じていないか、揚水ポンプに異音が発生していないかを注意深く点検していきます。給水管が保温材で覆われているときは、保温材の接合部分から水分が滴り落ちていないか、保温材がはがれていないかを点検します。

給水施設は道路に埋設された水道本管から第一止水弁までを地方自治体などの供給事業者が管理
第一止水弁から各住戸の水道メーターに接続する配管までが区分所有者の共有なので管理組合が管理
水道メーターからキッチンや給湯器までの配管を区分所有者が所有よ
高置水槽
管理組合が管理
供給事業者が管理
道路
水栓
水道メーター
止水弁
ポンプ
受水槽
メーター
区分所有者所有
第一止水弁
水道本管
受水槽と高置水槽の衛生的な管理は管理組合が行うわ
受水槽方式の揚水ポンプは予備機も入れて2台以上必要となるの
高置水槽
受水槽
管理組合としては受水槽や高置水槽と配管の接続部分から漏水が生じてないか
揚水ポンプに異音が発生していないかを注意深く点検よ
保温材
ぺろん
給水管が保温材で覆われているときは保温材の接合部分から水分が落ちていないか保温材がはがれていないかを点検するの
給水管の漏水や破損のアフターサービス期間は5年
したがって受水槽の漏水や破損も5年といえるわ
けれども給水管を覆っている保温材のはがれや脱落は2年
揚水ポンプの取付不良や作動不良も2年よ
うん
おいしい
異常なし
何の点検してるのよ

31 排水設備

マンションから生じる排水の種類には、雨水《うすい》、キッチンや浴室からの雑排水《ざつはいすい》、トイレからの汚水《おすい》の3種類があります。雨水は、ルーフドレインやベランダのドレインから雨樋《あまどい》を経由して雨水枡《ます》に集められます。雑排水や汚水の共用部分の排水設備は、パイプスペース内の縦の排水管と通気管、そして枡までの横引管《よこびきかん》で構成されています。

公共下水道は、「雨水」と「汚水・雑排水」とに分けて別々の下水系統で排水する分流式と、「雨水」と「汚水・雑排水」とを同じ下水系統で排水する合流式があります。道路下の地中に埋まっている下水管は老朽化している箇所もあるので、そのメンテナンスに苦心している地方自治体があります。

通気管は排水管の空気圧を調整して排水の流れを円滑にする役割があります。通気管の末端は屋上スラブを貫通して、大気に開放されています。通気管の位置によっては異臭が窓から侵入することがあるので注意します。通気管の取付不良や破損のアフターサービス期間は2年です。

排水管の漏水や破損のアフターサービス期間は5年です。

それから、横引管が地中に埋設されているときに、埋め戻した土が沈下して横引管が破損することがあるので、管理組合は敷地内に地盤沈下が生じていないかを点検します。それと、管理組合は共用部の排水管を年に1回程度は清掃することが必要です。

雑排水や汚水の共用部分の排水設備はパイプスペース内の縦の排水管と通気管そして枡までの横引管で構成されてて
雨水
汚水
雨水
枡
下水
枡
枡
雨水管
汚水
合流式
分流式
公共下水道は雨水と汚水・雑排水とに分けて別々の下水系統で排水する分流式とどちらも同じ下水系統で排水する合流式があるの
道路下の地中に埋まっている下水管は老朽化した箇所もありそのメンテナンスに苦心している地方自治体もあるわ
ボロ
下水管
通気管は排水管の空気圧を調整して排水の流れを円滑にする役割があり
通気管の末端は屋上スラブを貫通して大気に開放されてるの
伸頂型
パラペット型
屋上躯体
屋上躯体
通気管の位置によって異臭が窓から侵入するのに注意よ
横引管が地中に埋設されてる場合埋め戻した土が沈下して横引管が破損することもあるから
横引管
ぐえ
管理組合は敷地内に地盤沈下が生じてないか点検するの
年に1回程度は共用部の排水管の清掃も必要ね
あ
通気管の取付不良や破損のアフターサービス期間は2年排水管の漏水や破損は5年よ
2年
5年
地盤沈下見つけました!
だして…
落ちるなよ

32

換気設備

マンションのサッシや玄関扉は高気密仕様になっているので、居室内を機械的に換気する必要があります。換気は、ほとんどのマンションでは主にバルコニー側の外壁換気口から新鮮な空気を吸気し、居室、トイレ、キッチン、洗面室を経由して浴室の天井の換気設備に集められ、ダクトを通して外部に排気するシステムになっています。ダクトや換気扇は専有部分にあるので、管理組合としては、外壁に設けてある換気口を点検します。

浴室やキッチンの水蒸気が結露しないように、ダクトを外壁から1mくらいまで保温材を巻く仕様になっていないと、水蒸気を含んだ空気が結露して排気の換気口から滴れ落ち、外壁を汚すことがあります。また、ダクトの勾配は室内から外壁方向に下がり勾配になっているはずですが、逆勾配の時は雨水がダクト内に流れ込むことがあります。

換気口は、「ベントキャップ」「シェルフード」などと呼ばれています。換気口は給排気の性能だけではなく、雨が掛かる部分は深型フード、高層部分では耐風圧型にするなど設置場所や環境に応じて防雨仕様、外部からの騒音対策、結露対策が考慮されているはずです。

換気口の周囲には雨水が浸入しないようにシーリングを施しているので、管理組合では外壁や外廊下側の換気口を目視してシールに抜けがないかを確認します。換気口周辺からの雨水の浸入や換気口の取付不良のアフターサービス期間は2年となっています。

マンションの換気は主にバルコニー側の外壁換気口から新鮮な空気を吸気し
居室・トイレ
キッチン
洗面室を
経由して
浴室の天井の換気設備に集められダクトを通して外部に排気するシステムよ
換気ダクト
空気
居室
キッチン
換気扇
空気
換気口
バルコニー
浴室
空気
トイレ
空気
ダクトや換気扇は専有部分にあるので管理組合としては外壁に設けてある換気口を点検するの
ダクトに外壁から約1mまで保温材を巻く仕様でない場合
排気の換気口から結露が滴り落ち外壁を汚したり
ポタポタ
だばー
外壁
室内
ダクトの勾配も外壁から室内への下がり勾配だと雨水がダクト内に流れ込んだりするわ
換気口の周囲には雨水の浸入防止にシーリングを施しているので
シーリング
管理組合では外壁や外廊下側の換気口を目視してシール抜けがないかを確認するわ
換気口周辺からの雨水の浸入や換気口の取付不良のアフターサービス期間は2年よ
2年
換気口の呼び名はシェルフードっていうのとあと何だっけ…
え〜と
弁当…って付くのは覚えてるんだけど
ベントキャップのこと?

33

消火設備

消防関係の主な設備には、自動火災報知器（自火報）と屋内消火栓があります。また、11階以上のマンションにはスプリンクラーが設置されていますし、地階にある２００㎡以上の面積の駐車場には液化二酸化炭素などをボンベに充てんした消火装置も設置されています。

そして、延べ面積が１０００㎡以上で消防長や消防署長が指定したマンションの消防用設備は定期的に点検を受けています。

機能的な点検は消防設備士などの専門家に任せて、管理組合としては、各階に設置されている屋内消火栓の扉を開けてみます。そして、雨などが吹き込んで扉の裏側や格納箱にさびが発生していないかを点検します。また、消火配管にへこみや傷、漏水がないかを点検します。

消火設備のアフターサービス期間は2年なので、それ以降の法定点検で不良箇所が発見された場合の補修費用は管理組合の負担になります。けれども、消火設備は減価償却資産の耐用年数をみても8年となっているし、消火設備が2年程度で作動不良となることは稀なので、もしも竣工後5年程度で不具合が見つかったときはデベロッパーと協議してみます。

それと、50名以上の人が住むマンションでは防火管理者を選任することが義務づけられています。防火管理者が消防計画を作成するので、管理組合は防火管理者に協力し、消防計画に従って消防訓練や避難訓練を行わなければなりません。

消防関係の設備の機能的な点検は消防設備士などの専門家に任せて
管理組合としては各階に設置されている屋内消火栓の扉を開けてみましょう
消火栓
雨などが吹き込んで扉の裏側や格納箱にさびの発生がないか
サビ～
消火配管にへこみや傷・漏水がないかを点検するわ
消火設備のアフターサービス期間は2年でそれ以降の法定点検で不良箇所が出た場合の補修費用は管理組合の負担よ
でも消火設備は減価償却資産で耐用年数は8年だし
消火設備が2年程度で作動不良となるのは稀
どうしましょお～
もしも竣工後5年程度で不具合が見つかったらデベロッパーと協議ね
50名以上が住むマンションでは防火管理者の選任が義務なの
防火管理者
消防計画
防火管理者が消防計画を作成して管理組合は防火管理者に協力し消防計画に従って消防訓練や避難訓練をしないといけないわ
避難3原則を知ってますか?
「怪我しない」「死なない」「あきらめない」
「想定にとらわれない」「状況下で最善を尽くす」「率先避難者になる」よ!

34

駐車設備

駐車場の種類には、平置き、2層3段などの自走式、機械式があります。設置場所も、敷地内の平地や、マンション躯体内の1階部分あるいは地下があります。メンテナンスが簡単なのは平置きと自走式で、もっとも大変なのが建物地下の機械式駐車場です。規模や設置場所によって換気装置や消火設備が必要になります。

管理組合では、駐車場の使い勝手は利用者しかわからないところもあるので、利用者にアンケート調査を実施します。機械式駐車場や自走式駐車場の塗装のはがれ、機械の作動異常、騒音、振動音を点検します。地階にある機械式駐車場の場合は、ゲリラ豪雨の際に雨水が駐車場に浸入して車が水没してしまうこともあるので、そういうときは、事前に車を屋外に避難させる必要があります。

また、低地、河川の近くなどで地下水位の高い地域に地下駐車場を建設すると、しばしば地下コンクリートの壁や床から地下水が浸入します。地下水位が高いと、床を補修しても床に近い壁、壁を補修してもその上の壁、というように地下水がコンクリートの亀裂から浸入してきます。そこで、壁際に排水経路を設けて壁や床から浸入した地下水を一箇所に集め（釜場《かまば》）、ポンプで汲み上げる方式もあります。漏水の湿気はさびの原因にもなるので、換気を十分に行い、鉄部のさび防止処理をします。

機械式駐車場の機能不良のアフターサービス期間は2年です。

駐車場の種類には平置き自走式・機械式があってメンテナンスが楽なのは平置きと自走式で
もっとも大変なのが建物地下の機械式駐車場
平置き
自走式
機械式
規模や設置場所によって換気装置や消火設備が必要になるわ
管理組合では駐車場の利用者に使い勝手のアンケート調査を実施したり
使い勝手アンケート
機械式駐車場や自走式駐車場の塗装のはがれ・機械の作動異常騒音・振動音を点検
ブアアアア
地階にある機械式駐車場の場合はゲリラ豪雨の際に雨水が浸入すると車の水没も考えられるので
そういうときは事前に車を屋外に避難させる必要があるわ
ドザー
ヴァー
たぷ
たぷ
低地や河川の近くで地下水位の高い地域の地下駐車場だと地下コンクリートの壁や床からしばしば地下水が浸入するわ
地下水
そこで壁際に排水経路を設けて浸入した地下水を一箇所に集め(釜場)ポンプで汲み上げたりするの
漏水の湿気はさびの原因だから換気を十分に行い鉄部のさび防止処理よ
浸水
ポンプ
排水経路
機械式駐車場の機能不良のアフターサービス期間は2年よ
アンケートは無駄でした
車はもってません
利用者にって言ったでしょ

35 植栽

道路から敷地を経てエントランスまでのアプローチの植栽《しょくさい》は、マンションの顔となり、自然との調和、街との連続性、環境への配慮を表現する大事な要素です。ところが、樹木は枯れたり、虫がついたり、落ち葉になるので、手入れと管理が大切です。とくに、夏場などで長い間雨が降らないときには人力で水やりが必要になります。

デベロッパーが標準品以上の樹木を選別しても、輸送途中で傷がつくことや、数多くの樹木の中には弱い体質のものが混入することもあります。また、植栽作業中に木を傷める場合もあります。

樹木の枯損《こそん》のアフターサービスだけは期間が1年となっています。だから、管理組合は1年目の定期アフターサービスでマンションの敷地に植栽されている樹木を点検して、枯損しているときは植え替えを要求しなければなりません。2年目の定期アフターサービスで枯損した植栽の植え替えを要求してもアフターサービス規準から適用除外と判断されてしまうので注意が必要です。

アフターサービスでは、樹木が1年以内に枯れた場合は無償で交換し、同じ種類の樹木等を新たに植栽します。けれども、現地の日照や土壌などの状況によっては、樹種、形状寸法（高さ、幹周《かんしゅう》、葉張《はばり》）を変更することもあります。

また、マンションの建設計画後に近隣に別の建物が建設されて、竣工後にはほとんど日が当たらなくなってしまった箇所では、日陰に強い樹木に替えることも必要になります。

植栽はマンションと自然との調和や街との連続性環境への配慮を表現する大事な要素ね
でも樹木は枯れるし虫がつくし枯葉が落ちるし手入れと管理が大切よ
とくに夏場など長い間雨が降らないときは人力で水やりが必要だわ
デベロッパーが標準品以上の樹木を選別しても輸送途中での傷や弱い体質の樹木の混入もあるの
植栽作業中に木を傷める場合もあるわ
イテ
あ
イテテ
アフターサービスで樹木の枯損だけは期間が1年だから
管理組合は1年目の定期アフターサービスで植栽された樹木を点検し枯損してたら植え替えを要求しなければね
2年目に要求してもアフターサービス規準から適用除外と判断されてしまうわ
植え替え
1年以内の枯損は無償交換で同じ種類の樹木等を新たに植栽するの
無償
でも現地の日照や土壌などの状況により樹種・形状寸法の高さ・幹周・葉張を変更することもあるわ
近隣に別の建物が建設され日陰になった箇所では日陰に強い樹木に替えることも必要ね
ワーン
やはりここは人工樹木にするべきかと
自然との調和は皆無よね

第8章 アフターサービスのQ&A

1 アフターサービス制度とはどういうものか？

マンションのアフターサービスには、定期アフターサービスと随時アフターサービスがあります。

定期アフターサービスは、マンションが竣工してから、3カ月目、1年目、2年目をめどに3回行います。専有部分のアフターサービスのうち、専有部分のアフターサービスは、まず、デベロッパーがアフターサービス補修依頼書を購入者に配布します。購入者が室内を点検して、補修依頼書に扉の変形やクロスのはがれ、フローリングの浮きなどの不具合を記入していきます。デベロッパーと建設会社の担当者が各住戸を訪問して現地調査をし、アフターサービス規準に従って依頼事項を無償補修します。大規模なマンションでは、現地調査の当日に技術者を待機させて、その場で補修を行うときもあります。

共用部分の定期アフターサービスは、マンション竣工後1年目と2年目をめどに2回行います。管理組合が共用部分を点検してコンクリートの亀裂やタイルの浮き、外廊下の排水不良などを指摘すると、専有部分のアフターサービスと同じようにデベロッパーと建設会社が現地を目視調査して、アフターサービス規準に従って無償補修をします。

随時アフターサービスは、屋上や外壁から雨水が室内に浸入したとか、オートロックが作動しない、電気・ガス・水道が故障したというような、緊急を要する修理に対応するサービスです。大手のデベロッパーは24時間体制の受付窓口を開設して、応急処置や補修工事を行います。このサービスもアフターサービス規準に適合している場合は無償となります。

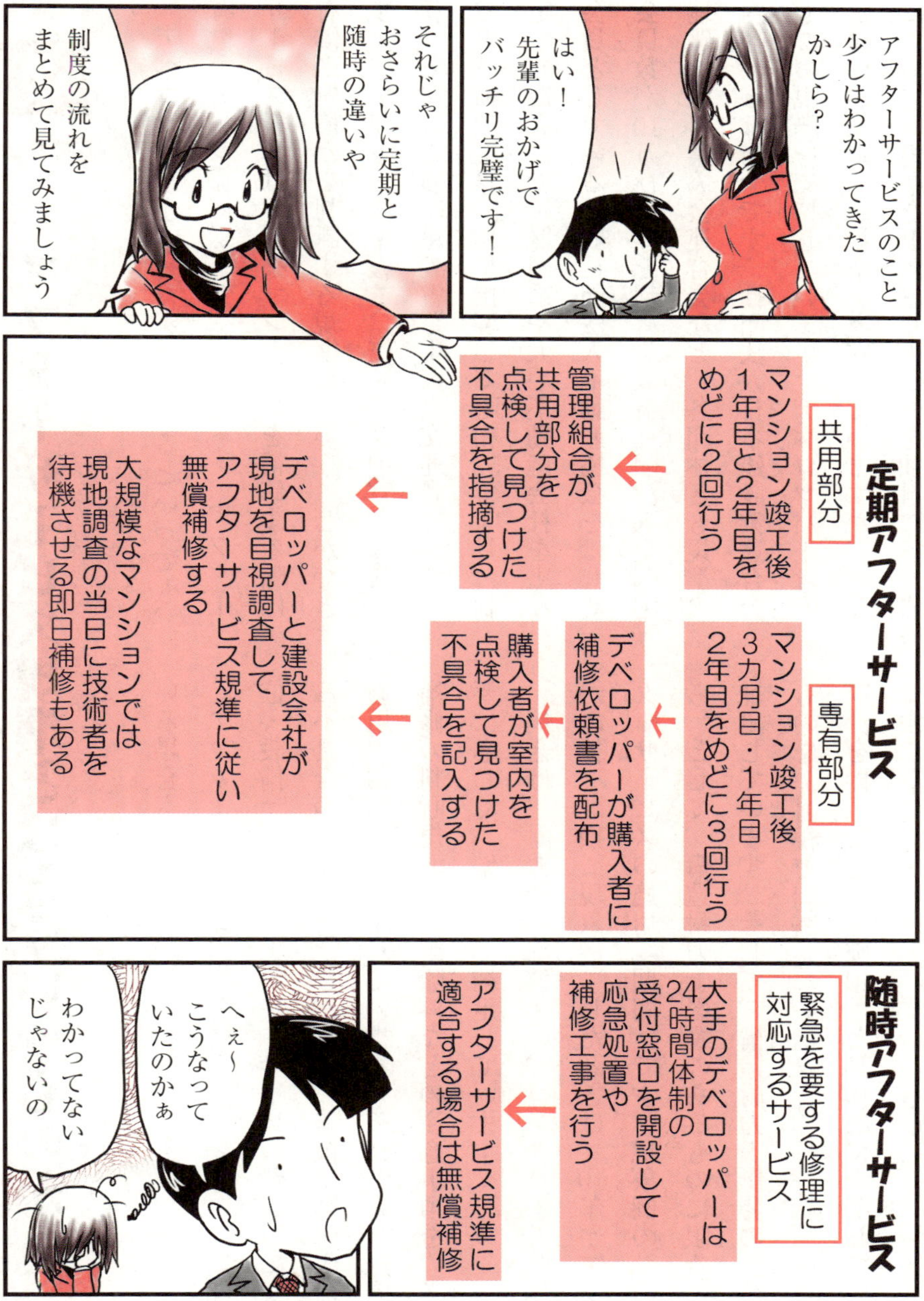
アフターサービスのこと少しはわかってきたかしら?
はい！先輩のおかげでバッチリ完璧です！
それじゃおさらいに定期と随時の違いや
制度の流れをまとめて見てみましょう
定期アフターサービス
共用部分
マンション竣工後1年目と2年目をめどに2回行う
管理組合が共用部分を点検して見つけた不具合を指摘する
専有部分
マンション竣工後3カ月目・1年目2年目をめどに3回行う
デベロッパーが購入者に補修依頼書を配布
購入者が室内を点検して見つけた不具合を記入する
デベロッパーと建設会社が現地を目視調査してアフターサービス規準に従い無償補修する
大規模なマンションでは現地調査の当日に技術者を待機させる即日補修もある
随時アフターサービス
緊急を要する修理に対応するサービス
大手のデベロッパーは24時間体制の受付窓口を開設して応急処置や補修工事を行う
アフターサービス規準に適合する場合は無償補修
へぇ〜こうなっていたのかぁ
わかってないじゃないの

2 アフターサービス規準とはどういうものか？

デベロッパーが不具合を補修するといっても、有償のものと無償のものがあります。アフターサービス規準は、新築マンションを補修する際に有償か無償かを判断する規準集ということができます。アフターサービス規準は、消費者（購入者）を守るために建設省（現国土交通省）がすべての不動産業界団体を指導して昭和52年4月に制定させたもので、財閥系や大手不動産会社を主な会員としている一般社団法人不動産協会をはじめ、会員数が10万社(者)を超える公益社団法人全国宅地建物取引業協会連合会など、各団体とも規準の内容はほぼ同一です。社団法人日本建設業連合会もこの規準を支持しています。デベロッパーは所属団体が策定した規準を遵守していますが、企業によっては規準を上回るサービスを独自に行っている場合もあります。

アフターサービス規準は、マンションの「部位・設備」ごとに、アフターサービスが適用になる不具合の「現象例」を例示し、無償で補修する適用「期間」を明記しています。それから、無償補修の判断規準や適用除外などの注意事項を、必要に応じて「備考」で補足しています。

例えば、耐力壁「部位」の、コンクリート躯体が亀裂・破損（現象例）したときは、10年がアフターサービスの適用「期間」です。現象例の「備考」として、構造耐力上影響のあるものに限ると補足しています。そして、構造耐力上影響のあるものを、目視で判断しやすいように、「鉄筋のさび汁を伴った亀裂・破損」と具体的に説明しています。

アフターサービス規準は新築マンションの補修をする際に有償か無償かを判断する規準集
消費者（購入者）を守るために建設省（現国土交通省）の指導で全不動産業界団体が昭和52年4月に制定
国交省
アフターサービス規準
指導！
一般社団法人不動産協会
公益社団法人全国宅地建物取引業協会連合会
社団法人日本建設業連合会
各団体とも規準の内容はほぼ同一よ
デベロッパーは所属団体が策定した規準を遵守するけど
規準サービス
独自サービス
企業によっては規準を上回るサービスを独自に行う場合もあるわ
アフターサービス規準はマンションの「部位・設備」ごとにサービス適用になる場合の不具合の「現象例」を例示し無償で補修する場合の適用「期間」を明記しているのそれから無償補修の判断規準や適用除外などの注意事項を必要に応じて「備考」で補足よ
こんなふうにね
部位
耐力壁
現象例
コンクリート躯体の亀裂・破損
期間
アフターサービス期間10年
備考
鉄筋のさび汁を伴った亀裂・破損
「部位」僕の頭「現象例」思考停止「期間」不明「備考」知恵熱を伴う思考停止
しゅ～
しゅ～
適用除外

3 アフターサービス期間が10年適用になる部位・設備はどこか？

構造耐力上主要な部分と、雨水の浸入を防止する部分のアフターサービス期間は10年です。

①構造耐力上主要な部分

(ア) マンションの基礎・柱・梁・耐力壁・内部床・屋上・屋根のコンクリート躯体に亀裂・破損が生じたときのアフターサービス期間は10年です。亀裂・破損の備考は前ページのとおりです。

(イ) このほか、外階段・バルコニー・外廊下の床も構造耐力上主要な部分に準じて10年になります。床が対象なので、手すり壁の亀裂・破損は10年ではなく、2年となります。

②雨水の浸入を防止する部分

(ア) 屋上・屋根・ルーフバルコニーの防水層やパラペットなどから、雨水が屋内に浸入したときのアフターサービス期間は10年になります。

(イ) 外壁から、雨水が屋内に浸入したときのアフターサービス期間も10年になります。

(ウ) 屋上・屋根・外壁の窓や扉から雨水が屋内に浸入したときのアフターサービス期間も10年になります。もちろん、窓や扉はきちんと閉めておかなければなりません。デベロッパーは窓枠周りのシーリング材の耐用年数が10年を超えるものを採用しています。

(エ) 最近では事故例が減ってきましたが、屋上などに設けてあり、コンクリート躯体を貫通して外部に接続している雨水排水管から屋内に漏水したときのアフターサービス期間も10年です。

アフターサービス期間が10年になるのは構造耐力上主要な部分と雨水の浸入を防止する部分よ
10年
① 構造耐力上主要な部分
(ア) マンションの基礎 柱・梁・耐力壁・内部床 屋上・屋根のコンクリート躯体の鉄筋のさび汁を伴う亀裂・破損のとき
(イ) 外階段・バルコニー・外廊下の床は構造耐力上主要な部分に準じて10年(手すり壁の亀裂・破損は10年ではなく2年)
② 雨水の浸入を防止する部分
(ア) 屋上・屋根・ルーフバルコニーの防水層やパラペットなどから雨水が屋内に浸入したとき
(イ) 外壁から雨水が屋内に浸入したとき
(ウ) きちんと閉まっている屋上・屋根・外壁の窓や扉から雨水が屋内に浸入したとき
(エ) 屋上などに設けてありコンクリート躯体を貫通して外部に接続している雨水排水管から屋内に漏水したとき
デベロッパーは窓枠周りのシーリング材の耐用年数が10年を超えるものを採用しているわ
シーリング
10年か…10年後っていうと先輩はいくつです？
年の話はやめて

4 アフターサービス期間が5年適用になる部位・設備はどこか？

電気配線、給排水管、ガス管のアフターサービス期間は5年です。

①電気配線の破損・結線不良

電気配線の破損・結線不良のアフターサービス期間は5年です。破損は配線器具の差し込みコネクター、ジョイントボックスが割れていたり欠けている状態です。結線不良は、電線と電線・コンセント・スイッチを誤接続しているときや、接続が切断されているときです。

そして、電気配線が対象なので、スイッチやコンセントの取付不良や機能不良は2年です。

②給水管・排水管の破損・漏水

給水管・排水管の破損や漏水のアフターサービス期間は5年です。給水栓や通気管、トラップの破損や漏水は2年です。漏水でも厨房設備や冷暖房設備からの漏水は2年ですので注意が必要です。

③ガス配管の破損

ガス配管の破損のアフターサービス期間は5年です。配管が対象なので、ガス栓や湯沸器《ゆわかしき》の破損や取付不良は2年です。

④ユニットバスの漏水

ユニットバスが漏水したときのアフターサービス期間は5年です。けれども、浴室設備の取付不良やシャワーの作動不良は2年です。

アフターサービス期間が5年になるのは電気配線と給排水管そしてガス管よ
5年
電気配線の破損は配線器具の差し込みコネクタージョイントボックスの割れや欠けてる状態
① 電気配線の破損・結線不良は5年
電気配線が対象なので
スイッチやコンセントの
取付不良や機能不良は2年
結線不良は電線と電線コンセントスイッチが誤接続や接続切断されてるとき
誤接続
ブスッ
② 給水管・排水管の破損・漏水は5年
給水栓や通気管トラップの
破損や漏水は2年
漏水でも厨房設備や
冷暖房設備からの漏水は2年
ぷしゅー
③ ガス配管の破損は5年
配管が対象なので
ガス栓や湯沸器の破損や
取付不良は2年
④ ユニットバスの
漏水は5年
浴室設備の
取付不良や
シャワーの
作動不良は2年
先輩抜けなくなった
あ～も～やだ

5 アフターサービス期間が2年適用になる部位・設備はどこか?

アフターサービス期間が2年になる部位や設備の範囲は広く、ほとんどが対象になります。各マンションのアフターサービス規準をみると主な部位や設備が列挙されていて、工事の施工不良や設備の作動不良などを2年間は無償補修します。

ですから、定期アフターサービスの点検で、共用部分では管理組合がコンクリートの亀裂や破損、タイルの浮きやはがれ、鉄部のさびや塗装のはがれなどを日視調査し、補修を依頼します。専有部分も区分所有者がクロスのはがれ、フローリングの浮きやへこみ、扉の変形など、気がついた不具合の補修を依頼します。

けれども、アフターサービス規準には「毛細亀裂及び軽微な浮き、はがれを除きます」とか、「引渡し後の褪色《たいしょく》、傷は含みません」「引渡し時の確認のみとします」などの表現で、機能上影響のない軽微なものと、引渡し以降の傷や日焼けを適用除外としています。

ところが、専有部分については、最初に行う3カ月目の定期アフターサービスで傷や浮きの補修を依頼すると、デベロッパーはかなり柔軟に対応するケースもあります。

それから、照明器具、レンジ、湯沸器、冷暖房設備などで、機器本体の保証書がある場合は、その保証書の期間がアフターサービス期間となるので注意が必要です。しかし、デベロッパーの中には、保証書の期限にこだわらずに、2年間のアフターサービス期間としている例もあります。

アフターサービス期間が2年になる部位や設備の範囲は広くほとんどが対象よ
コンクリート亀裂
タイルの浮き・はがれ
鉄部のさび
塗装のはがれ
クロスのはがれ
フローリングの浮き・へこみ
扉の変形 etc…
2年
各マンションのアフターサービス規準をみると主な部位や設備が列挙されていて
工事の施工不良や設備の作動不良など2年間は無償補修ね
だから定期アフターサービスの点検で
共用部分では管理組合が専有部分では区分所有者が
目視調査し補修を依頼するわけだけど
共用部分
専有部分
管理組合
区分所有者
アフターサービス規準ではこんな表現で機能上影響のないものと引渡し以降の傷や日焼けを適用除外としているわ
毛細亀裂及び軽微な浮き・はがれを除く
引渡し後の褪色傷は含まない
引渡し時の確認のみ
でも専有部分については最初に行う3カ月目の定期アフターサービスで補修を依頼すると
デベロッパーはかなり柔軟に対応するケースもあるの
補修依頼してもいい?
いいですよ~
機器本体に保証書がある場合はその保証書の期間がアフターサービス期間となるので注意が必要よ
保証書1年
でもデベロッパーの中には1年の保証期間にこだわらずに2年間としてる例もあるわ
2年
保証書の期間が100年でも2年に…
君のたとえ期間が長いね

6 アフターサービス期間が1年適用になる部位はどこか？

アフターサービス期間が1年なのは植栽だけです。管理組合は1年目の定期アフターサービスで、特にしっかりと樹木を点検する必要があります。植栽については2年目のアフターサービスはありません。

植栽施工が終わったばかりの樹木類は、見た目が弱々しく、葉はしおれて枝に付いているように見えます。けれど、植栽後1週間から2週間を経過すると、樹木の根が水を吸い上げ、幹や枝に水が行き来するようになると、葉も生き生きとしてきます。ただし、冬に植栽した落葉樹などは、冬期の間は生長を休止しているので、春が来るまでその生長を待つことになります。

樹木は生き物なので、山から標準品以上のものを選んでも、数多く採集する中には弱い体質のものが混じることや、運搬中や植栽中に傷つけてしまうことがあります。そこで、マンションのアフターサービスでは、通常の管理を行っていたにもかかわらず、植栽後1年以内に植物が枯れてしまった場合に無償で取り替えを行います。管理不十分のときはアフターサービス適用除外となります。

樹木は通常の気候では天水《てんすい》（自然の雨水）にまかせておけば生長しますが、夏などで雨が長期間降らないと土が乾いてしまいます。この場合に人力での水やりが必要なので、この水やりが不十分なときは管理不十分だといえます。また、人工地盤などに植栽していて、散水栓《さんすいせん》からの定期的な水やりや肥料を施すこととされているのに、これを行っていないときも管理不十分になります。

アフターサービス期間が1年なのは植栽だけよ
管理組合は1年目の定期アフターサービスで特にしっかりと樹木を点検する必要があるの
1年
植栽については2年目のアフターサービスはないわ
樹木は生き物なので山から標準品以上のものを選んでも
数多く採集する中には弱い体質のものが混じることや
運搬中や植栽中に傷つけてしまうことがあるから
弱
イキ
イキ
アフターサービスでは通常の管理を行っていたのだけれど
植栽後1年以内に植物が枯れた場合は無償で取り替えを行うわ
枯
樹木は自然の雨水にまかせておけば生長するけど管理不十分のときはアフターサービス適用除外よ
めんどくさ
夏などで雨が長期間降らずに土が乾いた場合人力での水やりが必要なので
この水やりが不十分なときは管理不十分だわ
みずぅ
みずー
カラカラ
人工地盤などに植栽している場合散水栓からの定期的な水やりや肥料を施すこととされているのに
これを行っていないときも管理不十分ね
おみずぅ〜
ひりょ〜
肥料
サボテンだったら多少水やりをサボッテも…
ダジャレのつもり？

7

アフターサービスでの補修の流れはどのようになっているか？

購入者からの不満の声を聞いてみますと、「デベロッパーへ補修を依頼したあと、何人もの人が不具合箇所を点検に来るのに、なかなか補修に取りかからない」というものがあります。

例えば、室内廊下の壁のクロスがよじれているとします。この連絡を受けたデベロッパーの担当者は、現地を目視してアフターサービス規準に適合する不具合だと認定した場合、建設会社にただちに補修をするよう連絡をします。

建設会社も、現地を調査してから内装業者にクロスのよじれを直すように指示をします。そうすると、内装業者はクロス職人と連絡を取ってクロスの補修を発注します。そこで、クロス職人が現場に行きますが、実際に現地を見ると、クロスのよじれた原因が下地の石膏《せっこう》ボードのずれだったとします。クロス職人では石膏ボードの張り直しはできないので、石膏ボードを張る職人が現地に出張して補修をしてから、再びクロス職人がクロスを張り替えます。

このように、デベロッパーは施工や補修の組織を持っていないので、マンションを建設した建設会社に補修を指示します。ところが、建設会社の現場所長も工事の施工管理はできても、実際にクロスを張れるわけではありません。そこで、クロス張りの職人や石膏ボード張りの職人が仕事を分担して補修を行います。このように建設工事は細かく専門の職種に分かれていて、それぞれが技術を提供しているので、代替の利かないことが補修工事の遅れる原因のひとつです。

デベロッパーへ補修依頼したあと何人もの人が不具合箇所を点検に来るのになかなか補修に取りかからない
こんな購入者からの不満の声を聞くことがあるわ
これは例えば室内廊下の壁のクロスがよじれていて
連絡を受けたデベロッパーが現地を目視して補修判断をし建設会社に補修指示を出すと
よじれ
補修指示
建設会社
建設会社も現地調査して内装業者にクロスのよじれを直すように指示
内装業者はクロス職人に連絡しクロスの補修を発注
そこでクロス職人が実際現地に行ってみるとよじれた原因が下地の石膏ボードのズレだったとわかり
クロス職人では石膏ボードを張り直せないから石膏ボードを張る職人が現地に出張して補修をしたあと
再びクロス職人がクロスを張り替える
こんな感じの補修の流れになる
建設会社
指示
内装業者
発注
クロス職人
ズレ
別の職人
石膏ボード職人
ボード完了
クロス職人
デベロッパーには施工や補修の組織はないうえ建設工事は細かく専門の職種に分かれてて
分担して技術を提供してるので代替の利かないことが補修工事の遅れる原因のひとつよ
建設工事
遅れてる間デベロッパーの仕事は購入者に怒られることですか?
そうね

8 アフターサービスはいつから始まるのか？

アフターサービスは、購入者が入居してからスタートするというわけでもありません。

①デベロッパーが建設会社からマンションの引渡しを受けた日が始期になる部位

柱や梁などの構造耐力上主要な部分と、屋上や外壁などの雨水の浸入を防止する部分はアフターサービス期間が10年の長期保証になりますが、このアフターサービスがスタートする日（始期）は、建設会社が、完成したマンションをデベロッパーに引き渡した日になります。

②区分所有者の1人が最初に使用を開始した日が始期となる部位・設備

共用部分（アフターサービス期間が10年になる構造耐力上主要な部分と、雨水の浸入を防止する部分を除く）は、区分所有者（購入者）の１人が最初に使用を開始した日からアフターサービス期間がスタートします。最初に使用を開始した日とは、具体的には、最初に購入者の１人が住戸（専有部分）の鍵を受領した日となります。マンションが竣工前に完売していれば、引渡し会で一斉に鍵の引渡しが行われます。

③区分所有者が鍵の引渡しを受けた日が始期となる部位・設備

専有部分のアフターサービスがスタートする日は、購入者が専有部分の鍵の引渡しを受けた日です。例えば、竣工から半年が経過した新築マンションを購入する場合もあるので、専有部分のアフターサービスの始期は購入者ごとにバラバラになることが通常です。

アフターサービスは購入者が入居してからスタートするってわけでもないのよ
① デベロッパーが建設会社からマンションの引渡しを受けた日が始期になる部位
柱や梁などの構造耐力上主要な部分と屋上や外壁などの雨水の浸入を防止する部分
② 区分所有者の1人が最初に使用を開始した日が始期となる部位・設備
アフターサービス期間が5年や2年になる共用部分
共用部分のアフターサービスの始期は具体的には最初に購入者の1人が専有部分の住戸の鍵を受領した日よ
マンションが竣工前に完売していれば引渡し会で一斉に鍵の引渡しが行われるわ
受領
購入者
専有部分のアフターサービスの始期は竣工から半年が経過した新築マンションを購入する場合もあるので購入者ごとにバラバラになることが通常よ
ウチは昨日から～
ウチは今日から～
③ 区分所有者が鍵の引渡しを受けた日が始期となる部位・設備
専有部分（住戸）
なるほどつまり家の鍵がスタートのカギになる
あ！最初の①は鍵ともかぎらないわけだ
なんかかぎかぎかぎかぎうるさいな

9 アフターサービスの適用除外にはどういうものがあるか？

マンションに生じた不具合が、アフターサービス規準の部位や現象例、期間に合致していても、アフターサービスの適用が除外になる場合があります。

例えば、築1年未満のような新築マンションでも、数百年に一度の割合で発生すると予想されている東日本大震災や阪神・淡路大震災級の地震では「倒壊、崩壊」はしなくても、柱、耐力壁が破壊されて傾き、居住できなくなるケースがあります。

また、それより規模の小さい地震でも、壁、柱、梁などに亀裂が生じて補修が必要になるときがあります。

マンションのアフターサービスの役割は、主に施工上の不良を無償で補修することです。

だから、天災等の不可抗力によって生じた不具合や経年変化など、次の7つの場合にはアフターサービスが適用除外になります。

①天災等、不可抗力による場合
②経年変化、使用材料の自然特性の場合
③管理不十分、使用上の不注意による場合
④増改築等により、形状変更が行われた場合
⑤地域特性による場合
⑥第三者の故意又は過失による場合
⑦建物等の通常の維持・保全に必要となる場合

築1年未満のような
新築マンションだろうと
阪神・淡路大震災や
東日本大震災級の地震で
倒壊や崩壊を免れても
柱・耐力壁が破壊され
傾いて居住が不可能になる
ケースがあるわ
倒れてないのに…
居住不可能
規模の小さい地震でも
壁・柱・梁などに
亀裂が生じて補修が
必要になるときもあるの
マンションのアフターサービスの役割は
主に施工上の不良を
無償で補修することよ
だから天災等の不可抗力で
生じた不具合が
アフターサービス規準の
部位や現象例・期間に
合致していても
この7つの場合には
アフターサービス
適用除外になるわ
① 天災等 不可抗力による場合
② 経年変化 使用材料の自然特性の場合
③ 管理不十分 使用上の不注意による場合
④ 増改築等により 形状変更が行われた場合
⑤ 地域特性による場合
⑥ 第三者の故意又は過失による場合
⑦ 建物等の通常の維持 保全に必要となる場合
震度1で倒壊してもダメですか…
くちゃあ
それはそもそも耐震基準的に問題あるでしょ

10 瑕疵担保責任とアフターサービスはどこが違うのか？

民法で定められている瑕《か》疵《し》担《たん》保《ぽ》責《せき》任《にん》では、隠れた瑕疵が発見された場合には、損害賠償請求と契約の解除を認めています。これを瑕疵担保責任といいます。

新築マンションの売買は販売価格（定価）で契約することが通常ですが、売れ残り物件ではデベロッパーと購入者が価格交渉をして値下げをする場合があります。お互いが利用価値（マンションの価値）と交換価値（金銭価値）の見合いに納得して売買契約を結びます。マンションに瑕疵があることを購入者があらかじめ知っていれば、購入しないか、あるいはもっと安い価格で購入していたでしょう。この瑕疵を知らないことによって引き起こされたマンションの価値と交換価値の不均衡を、購入後にバランスが取れるようにするために、民法で瑕疵担保責任を規定しました。任意規定なので、価格を大幅に下げるから、瑕疵担保責任は負わないという契約も有効です。

ところが、デベロッパー（宅建業者）は宅建業法により、瑕疵担保責任の期間を引渡しから2年以上とする特約以外に、購入者が不利になる特約を結ぶことが禁止されています。

一方、アフターサービスは、デベロッパーと購入者が結んだ売買契約上の責任で、アフターサービス規準に規定した不具合現象が生じたときは無償で補修するという約束です。だから、アフターサービスは補修をすることが役割なので、損害賠償や契約の解除には結びつきません。そして、民法で定めた瑕疵担保責任と、アフターサービスの補修責任は同時並行的に成立しています。

民法で定められている瑕疵担保責任では隠れた瑕疵が発見された場合には損害賠償請求と契約の解除を認めてるわ これが瑕疵担保責任なの
瑕《か》疵《し》担保《たんぽ》責任《せきにん》
売れ残り物件でデベロッパーと購入者が価格交渉して値下げする場合
安くしますよ～
瑕疵
瑕疵があるのをあらかじめ知っていたら購入者は購入しないかもっと安い価格で購入しているはずよ
そこで隠れた瑕疵が引き起こす交換価値とマンションの価値の不均衡のバランスを購入後にとるために民法で瑕疵担保責任が規定されたの
瑕疵担保責任
マンションの価値
交換価値
任意規定
任意規定なので価格を大幅値下げするから瑕疵担保責任を負わないという契約も有効よ
でもデベロッパーは宅建業法により瑕疵担保責任の期間を引渡しから2年以上とする特約以外に購入者が不利になる特約を結ぶのは禁止されてるわ
特約ハコレダケヨ！
宅建業法
瑕疵担保責任の期間を引渡しから2年以上とする
アフターサービスは規準に規定した不具合の無償補修をすることが役割なので損害賠償や契約の解除には結びつかないの
だから民法で定めた瑕疵担保責任とアフターサービスの補修責任は同時並行的に成立しているのよ
瑕疵担保責任
補修責任
ゴキブリも隠れた瑕疵ですか？
ひゃあっ！

11 住宅品質確保法や住宅瑕疵担保履行法とはどこが違うのか？

民法の瑕疵担保責任には売主の補修について規定がありません。そこで、２０００年（平成12年）４月から、マンション（新築住宅）の基礎や柱、梁などの構造耐力上主要な部分と、屋上や外壁などの雨水の浸入を防止する部分に隠れた瑕疵があった場合の瑕疵担保責任と補修義務を、デベロッパーが最低10年間は負わなければならないという、住宅品質確保法が施行されました。これは強行規定なので、住宅品質確保法の規定よりも購入者にとって不利益な特約は無効になります。

ところが、２００５年（平成17年）に起きた姉歯元一級建築士の構造計算書偽装事件のときのように、売主のデベロッパーが倒産してしまえば、購入者は泣き寝入りするしかありませんでした。

そこで、２００９年（平成21年）10月に住宅瑕疵担保履行法が施行されました。この法律はデベロッパーが補修や損害賠償をする際の資金を確保するために、保証金を供託するか保険に加入することを義務づけています。補修や損害賠償の範囲は住宅品質確保法と同じです。

アフターサービスも、構造耐力上主要な部分から鉄筋のさび汁を伴った亀裂・破損が生じたり、雨水の浸入を防止する部分から雨漏りしたときの無償補修期間を10年として、住宅品質確保法の規定とほぼ同等の補修を約束しています。そして、マンションのアフターサービスでは3回の定期点検を行います。さらに、クロスやフローリングなどの内装や、住宅設備、電気・ガス・給排水設備など、ほとんどすべての部位・設備を対象にして、期限を定めて無償補修を約束しています。

民法の瑕疵担保責任には売主の補修について規定がないので２０００年（平成12年）４月から住宅品質確保法が施行されたわ
住宅品質確保法
マンション（新築住宅）の基礎や柱・梁などの構造耐力上主要な部分と屋上や外壁などの雨水の浸入を防止する部分に隠れた瑕疵があった場合の瑕疵担保責任と補修義務をデベロッパーが最低10年間は負わなければならない
これは強行規定で住宅品質確保法の規定よりも購入者にとって不利益な特約は無効よ
でも２００５年（平成17年）の姉歯元一級建築士の構造計算書偽装事件のように売主のデベロッパーが倒産すると購入者は泣き寝入りだったの
倒産
そこで２００９年（平成21年）10月に住宅瑕疵担保履行法が施行されたわ
補修や損害賠償の範囲は住宅品質確保法と同じよ
住宅瑕疵担保履行法
デベロッパーが補修や損害賠償をする際の資金を確保するために保証金を供託するか保険に加入することを義務づける
そしてアフターサービスは住宅品質確保法の規定と同等の補修約束に追加してマンションでは３回の定期点検も行い
ほぼすべての部位・設備を対象にして期限を定めた無償補修を約束してるのよ
アフターサービスってすごいんだなぁ…よし！真面目に覚えよう！
…そっかぁ今からかぁ…
はぁ…

■著者略歴

高橋文雄（たかはし ふみお）

東京都生まれ。㈳都市開発協会で土地税制、宅地開発に関する調査研究に携わった後、近鉄不動産㈱でマンションの用地買収、商品企画、アフターサービスなどを担当。現在、総合資格学院で講師を務める。主な著書に、『図解マンションのアフターサービス』『マンションデベロッパーの仕事の流儀』（ともに住宅新報社刊）がある。

◇セミナー等の開催

マンションのアフターサービスをテーマとしたセミナーや、マンションの簡易診断を実施しております。ご希望の方は、下記の宛先までご相談内容を文書またはE-Mailでお寄せください。

事務所：〒251-0046　神奈川県藤沢市辻堂西海岸1-1-7-101
高橋 文雄
E-Mail　takahashi805@ybb.ne.jp

図解不動産業

マンションを長持《ながも》ちさせる101のポイント

平成24年5月28日　初版発行

高《たか》橋《はし》文《ふみ》雄《お》 著
ろくろーぶな 画
発行者 中野博義
発行所 ㈱住宅新報社
（本社）　〒105-0001　東京都港区虎ノ門3-11-15(SVAX TT ビル)
編集部　(03) 6403-7806
出版販売部　(03) 6403-7805

大阪支社　〒541-0046　大阪市中央区平野町1-8-13(平野町八千代ビル) 電話(06)6202-8541㈹

＊印刷・製本／藤原印刷㈱
落丁本・乱丁本はお取り替えいたします。

ISBN978-4-7892-3500-6 C2030